Werkboek ASSIMIL

Frans
Halfgevorderden

Estelle Demontrond-Box

Nederlandse bewerking door
Carine Caljon

Over dit boek

Met 200 oefeningen verdeeld over 20 hoofdstukken biedt dit boek je de mogelijkheid om de basis van het Frans systematisch en progressief door te nemen.

Het werkboek richt zich in het bijzonder tot "valse beginners" of "halfgevorderden", dus tot wie al wat basiskennis heeft. Het is vlot bruikbaar met zijn 200 leuke oefeningen (met oplossing) die een logische progressie volgen. Alle taalaspecten komen aan bod: spraakkunst, woordenschat, zinsbouw, alfabet, spelling, uitspraak en klemtoon.

Je kan je resultaten zelf evalueren: vul na elke oefening een "tevredenheidsicoontje" in (☺ bij meestal juiste antwoorden, 😐 bij ongeveer de helft juiste antwoorden en ☹ bij minder dan de helft), noteer op het einde van elk hoofdstuk hoeveel van deze icoontjes je met de gemaakte oefeningen hebt behaald en maak aan het einde van het boek de balans op door deze aantallen over te brengen naar de hiervoor bestemde tabel.

Inhoud

1. Alfabet en uitspraak 3
2. Lidwoorden en zelfstandige naamwoorden 8
3. Persoonlijke voornaamwoorden, *être* en *avoir* 14
4. Bijvoeglijke naamwoorden, aanwijzen en bezit (deel 1) 20
5. Trappen van vergelijking 26
6. Zinnen 30
7. Aanwijzen en bezit (deel 2), en meer voornaamwoorden 36
8. Tellen en tijdsaanduidingen 42
9. Infinitief en voltooid tegenwoordige tijd 48
10. Onvoltooid tegenwoordige tijd en imperatief 54
11. Toekomende tijd 60
12. Onvoltooid verleden tijd en voorwaardelijke wijs 66
13. Voorzetsels 72
14. Bijwoorden 80
15. Werkwoorden 86
16. Voegwoorden 92
17. Passieve vorm 96
18. Tegenwoordige tijd in de subjunctief 100
19. Nog een verleden tijd: *le passé simple* 108
20. Herhalingsspelletjes 114
Oplossingen 118
Zelfevaluatie 128

Alfabet en uitspraak

Het alfabet

Het Franse alfabet is hetzelfde als het Nederlandse, maar een paar letters worden anders uitgesproken:

A	aa	G	zjee	M	em	S	es	Y	ieGrek
B	bee	H	asj	N	en	T	tee	Z	zed
C	see	I	ie	O	oo	U	uu		
D	dee	J	zjie	P	pee	V	vee		
E	e (dof)	K	kaa	Q	kuu	W	doeble vee		
F	ef	L	el	R	er	X	ieks		

 Spel de volgende woorden hardop in het Frans.

B-O-N-J-O-U-R
(goedendag)

Q-U-E-S-T-I-O-N
(vraag)

G-E-N-T-I-L-L-E
(vriendelijk, v.)

C-H-A-I-S-E
(stoel)

F-L-E-U-R
(bloem)

W-A-G-O-N

P-A-P-Y
(opa)

M-A-M-A-N
(mama)

R-A-V-I-E
(tevreden, verheugd, v.)

Z-O-O

H-E-U-R-E-U-X
(gelukkig, m.)

V-R-A-I
(echt, m.)

ALFABET EN UITSPRAAK

Accenten, trema en cedille

Het Frans maakt gebruik van **verschillende accenten, het trema en de cedille**:

- **l'accent aigu** (het "scherp" accent) ´ staat op de letter **e** die dan klinkt als *ee*
- **l'accent grave** (het "zwaar" accent) ` komt vooral voor op de letter **e** om die te laten klinken als in *elf*, maar wordt ook betekenisonderscheidend op **a** en **u** gebruikt
- het dakje of **l'accent circonflexe** komt voor op de letters **a, e, i, o** en **u**
- het trema of **le tréma** geeft aan dat een klinker apart van de andere moet uitgesproken worden, zoals bijv. in **Noël** [noo-el] *(Kerstmis)*
- de cedille of **la cédille** staat onder de letter **c** om die te laten klinken als een **s** voor de letters **a**, **o** of **u**, zoals bijv. in **ça** *(dit, dat, het)*.

2 Zet het juiste accent, een trema of cedille in de volgende woorden en geef hun betekenis (gebruik eventueel een woordenboek):

Vb.: frere → frère = broer

a. une mere → _____ = _____   e. le present → _____ = _____

b. peut-etre → _____ = _____   f. tot → ___ = _____

c. Noel → _____ = _____   g. un garcon → _____ = ___

d. une lecon → _____ = _____   h. le passe → _____ = ____

3 Onderstreep de juiste spelling in de volgende zinnen:

a. Mon **pere / pêre / pére / père** est au travail.
b. Il me tarde d'être à **Noêl / Noél / Noël / Noèl** !
c. Pourriez-vous me donner des **glassons / glasons / glacons / glaçons**, s'il vous plaît ?
d. Oublie le **passe / passè / passé / passê**. Pense au futur !
e. Elles portent la **meme / mème / méme / même** robe !

ALFABET EN UITSPRAAK

Stomme letters

Helaas worden Franse woorden zelden uitgesproken zoals ze geschreven staan. Sommige letters worden zelfs niet uitgesproken!

- Dit gebeurt vaak aan het einde van woorden, o.a.
  - bij **eindmedeklinkers**: **Salu<u>t</u>** *(Hallo, Dag)*
  - bij een eind-**e**: **femm<u>e</u>** *(vrouw)*.
- Ook zo met de letter **h** (nooit aanblazen!): <u>**h**</u>**omme** *(man, mens)*.

4 Lees de volgende woorden hardop (let op de stomme letters!) en schrijf er de Nederlandse vertaling onder:

froid	porc	trois	vous	abricot
chez	mot	chat	salut	outil
estomac	beaucoup	trop	nerf	deux

5 Zet de woorden die uitgaan op een stomme letter in de eerste kolom, die op een uitgesproken letter in de tweede:

TURC POULE HIVER FOUR LOURD OURS FROID ŒUF

Stomme letter	Uitgesproken letter

ALFABET EN UITSPRAAK

Nasale klinkers, de i en u, de g, j en r

- **Nasale klinkers** komen voor in lettergrepen die eindigen op **m** of **n** (zoals in **tante** *tante*, **oncle** *oom*). Ook al wordt die **-m** of **-n** niet uitgesproken, ze maakt van de voorliggende klinker een "neusklank". Het is alsof je bij de uitspraak van de -ng in "tong" zou stoppen voor de g-klank.
- De Franse **i** klinkt nooit zoals in het Nederlandse "pit", maar altijd zoals in "Piet".
- De Franse **u** klinkt nooit zoals in het Nederlandse "dus", maar altijd zoals in "duo".
- De **g** klinkt in het Frans zoals in "goal" [G], maar voor een **e** of een **i** zoals de j in "journaal" [zj].
- De Franse **j** klinkt zoals in "journaal" [zj].
- De Franse **r** is een huig-r die achterin de keel gevormd wordt.
- In het Frans klinkt **ch** zoals de sj in "meisje" [sj].

6 Oefen je Franse uitspraak door de volgende zinnen hardop te lezen:

a. Tu es sûr que le pigeon est sur le mur ?

b. Où est ton chien ? Sur ou sous le banc ?

c. As-tu entendu ? Sa fille a eu un garçon !

d. J'ai perdu le numéro de téléphone de sa tante.

"Liaison"

De letters **s, x, z, t, d, n** en **m** worden aan het einde van een woord niet uitgesproken, maar als het erop volgende woord begint met een **klinker** of een stomme **h** meestal wel, bijv. in **les enfants** [lezãfã] *(de kinderen)*.

7 Geef in de volgende voorbeelden aan of er al dan niet een liaison gemaakt wordt Ja (✓) of Nee (✗):

	Ja	Nee
un homme		
les élèves		
les haricots		

	Ja	Nee
les vieux éléphants		
le petit ami		
les yeux		

ALFABET EN UITSPRAAK

8 Vul het kruiswoordraadsel in met woorden die in dit hoofdstuk voorkwamen:

	1	2	3	4	5	6	7	8	9	10
A										
B										
C										
D										
E										
F										
G										
H										
I										
J										

Vertikaal
1. Beleefdheidsvorm u of jullie
4. Veel
5. Wat je zegt
6. Cijfer
8. Tegengestelde van vrouw – Moeder
10. Verheugd m.b.t. een vrouw

Horizontaal
B. Begroeting
C. Kort voegwoord
E. Informele begroeting/afscheid
G. Tegengestelde van warm
H. Wat je op school bent
I. Te (veel)

9 Vind en corrigeer de 10 fouten in onderstaande tekst:

« Mon pere est rentre hier soir du Venezuela pour feter Noel en famille. Il veut des festivites francaises ! C'est genial d'etre enfin ensemble ! C'est l'heure des cadeaux et des escargots ! Nous allons nous regaler ! Quelle fete cela sera ! »

Gefeliciteerd! Je bent klaar met hoofdstuk 1! Het is nu tijd om de icoontjes op te tellen en het resultaat over te brengen naar pagina 128 voor je eindevaluatie.

2
Lidwoorden en zelfstandige naamwoorden

Mannelijk/vrouwelijk - Enkelvoud/meervoud

- In het Frans zijn de zelfstandige naamwoorden (**les noms**) mannelijk (in woordenboeken aangeduid met *m.* of *nm.* voor *nom masculin*) of vrouwelijk (*f.* of *nf.* voor *nom féminin*), nooit onzijdig. Veelal eindigen vrouwelijke zelfstandige naamwoorden op –e (**une fille**) en mannelijke op een medeklinker (**un garçon**).
  Er zijn, uiteraard, heel wat uitzonderingen (**un arbre**). Zoek dus voor alle zekerheid het geslacht van een woord op in het woordenboek en onthoud ze meteen samen!
  Bovendien hebben veel zelfstandige naamwoorden heel verschillende vormen in het mannelijk en vrouwelijk, bijv. « **un homme** » en « **une femme** ».

- Het meervoud (*pl.* voor *pluriel*) vorm je door aan het zelfstandig naamwoord een –s toe te voegen (**une fille → des filles**), soms met de uitgang –x of –ux (**un cheveu → des cheveux ; un journal → des journaux**). Eindigt het woord al op **s, x** of **z**, dan is er geen verschil tussen de enkelvouds- en de meervoudsvorm (**le fils → les fils**).

❶ Zijn de volgende woorden mannelijk (M), vrouwelijk (V) of meervoud (Mv.)?

Z. nw.	M	V	Mv.
salon	○	○	○
chambre	○	○	○
toilettes	○	○	○
cave	○	○	○
grenier	○	○	○
cuisine	○	○	○

LIDWOORDEN EN ZELFSTANDIGE NAAMWOORDEN

2 Vul onderstaande tabel aan (gebruik zo nodig een woordenboek):.

Mannelijk enkelvoud	Vrouwelijk enkelvoud	Mannelijk meervoud
....	une amie	....
un Français	....	....
....	....	des marchands
un marié	....	....
....	une avocate	....
....	....	des invités

Bepaalde lidwoorden (*Articles définis*)

Afhankelijk van het zelfstandig naamwoord dat erop volgt, kent het Frans vier bepaalde lidwoorden:

- « **le** » bij mannelijk enkelvoud: **le père**
- « **la** » bij vrouwelijk enkelvoud: **la mère**
- « **l'** » voor een woord in het enkelvoud dat begint met een klinker of een stomme **h**: **l'enfant, l'hôtel**
- « **les** » bij alle meervoudsvormen: **les parents**.

Geslacht	Enkelvoud	Meervoud
Mannelijk	le, l'	les
Vrouwelijk	la, l'	les

3 Omcirkel het juiste bepaald lidwoord:

a. (Le / La / L' / Les) maison est grande !

b. (Le / La / L' / Les) filles sont très jolies !

c. (Le / La / L' / Les) enfants sont gentils.

d. (Le / La / L' / Les) eau est trop froide !

e. (Le / La / L' / Les) garçon joue au football.

f. (Le / La / L' / Les) homme est très grand !

LIDWOORDEN EN ZELFSTANDIGE NAAMWOORDEN

4 Verbind elk bepaald lidwoord met een zelfstandig naamwoord:

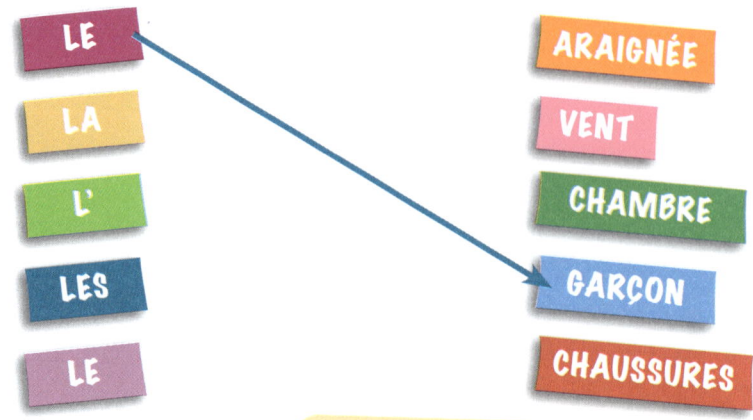

Onbepaalde lidwoorden (*Articles indéfinis*)

- « **Un** » en « **une** » komen overeen met ons onbepaald lidwoord *een*, « **un** » voor een mannelijk zelfstandig naamwoord, « **une** » voor een vrouwelijk, bv. <u>un</u> arbre (*een boom*), <u>une</u> maison (*een huis*).
- In het meervoud wordt de in het Nederlands onbestaande vorm « **des** » gebruikt: <u>des</u> frères (*broers*).

Geslacht	Enkelvoud	Meervoud
Mannelijk	un	des
Vrouwelijk	une	des

5 Omcirkel het juiste onbepaald lidwoord (gebruik eventueel een woordenboek om het geslacht van het zelfstandig naamwoord op te zoeken):

a. Il y a **(un / une / des)** chat sur le toit.
b. As-tu **(un / une / des)** crayons dans ta trousse ?
c. Je mange **(un / une / des)** gâteaux tous les jours.
d. Il veut **(un / une / des)** guitare pour Noël.
e. Nous avons **(un / une / des)** chien.

LIDWOORDEN EN ZELFSTANDIGE NAAMWOORDEN

Delende lidwoorden (*Articles partitifs*)

Wanneer er verwezen wordt naar een onbepaalde hoeveelheid moet in het Frans een (in het Nederlands onbestaand) delend lidwoord gebruikt worden.

Er zijn vier vormen:

- « **du** » voor een mannelijk enkelvoud: **du** café
- « **de la** » voor een vrouwelijk enkelvoud: **de la** salade
- « **de l'** » voor een woord in het enkelvoud dat begint met een klinker of een stomme h: **de l'**eau
- « **des** » voor alle meervoudsvormen: **des** biscuits.

Geslacht	Enkelvoud	Meervoud
Mannelijk	du/ de l'	des
Vrouwelijk	de la/ de l'	des

6 Geef je pizzabestelling door met gebruik van de correcte lidwoorden:

« Garçon, s'il vous plaît ! Je voudrais ………… pizza avec ………… champignons, ………… jambon et ………… sauce tomate. Je veux ………… pizza rapidement car j'ai très faim ! J'aimerais aussi ………… eau ! Merci ! »

de la   une   de l'
du   des   la

Onbepaalde en delende lidwoorden in de ontkennende vorm en met bijvoeglijke naamwoorden

- In de ontkennende vorm worden de onbepaalde en delende lidwoorden « un », « une », « du », « de la », « de l' » en « des » vervangen door « de » en « d' »: j'ai <u>une</u> voiture → je n'ai pas <u>de</u> voiture ; j'ai <u>des</u> amis → je n'ai pas <u>d'</u>amis.
- Voor de constructie "bijvoeglijk + zelfstandig naamwoord" wordt « des » doorgaans vervangen door « de »: j'ai <u>des</u> chaussettes → j'ai <u>de</u> jolies chaussettes.

LIDWOORDEN EN ZELFSTANDIGE NAAMWOORDEN

7 Zet onderstaande zinnen in de ontkennende vorm:

a. Tu as un jardin.
....

b. Nous avons des enfants.
....

c. Ils ont de gentils parents.
....

d. J'ai une maison.
....

e. Elles ont des amis.
....

Vrouwelijk/mannelijk bij mensen en dieren

- Bij mannelijke personen en dieren hoort « **un** » of « **le** », bij vrouwelijke « **une** » of « **la** »: **un homme** (*een man*) – **une femme** (*een vrouw*), **le père** (*de vader*) – **la mère** (*de moeder*), **le chat** (*de kat(er)*) – **la chatte** (*de kat(tin), poes*).

- Doorgaans wordt de vrouwelijke vorm van het zelfstandig naamwoord verkregen door aan de mannelijke een **–e** toe te voegen, maar bij sommige zelfstandige naamwoorden verandert de uitgang meer: -er → -ère ; -en → -enne ; -an → -anne ; -on → -onne ; -eur → -euse ; -eur → -rice ; -at → -atte ; -f → -ve ; -x → -se. Soms, vooral m.b.t. een beroep, wordt een mannelijke vorm gebruikt, ook al gaat het om een vrouw (**un docteur**). Bepaalde vormen gelden voor beide geslachten (**un/une élève**).

LIDWOORDEN EN ZELFSTANDIGE NAAMWOORDEN

8 Verbind in onderstaande lijst de Franse met de Nederlandse beroepsnamen:

un avocat •	• een ober
un chanteur •	• een zanger
un professeur •	• een schrijver
un serveur •	• een advocaat
un cuisinier •	• een ingenieur
un écrivain •	• een kok
un ingénieur •	• een leraar

9 Vul in de tabel de mannelijke/vrouwelijke vormen aan, eventueel met gebruik van een woordenboek:

Mannelijk	Vrouwelijk	Mannelijk	Vrouwelijk
un vendeur	....	un maître	....
....	une musicienne	un paysan	....
un acteur	....	....	une secrétaire
....	une boulangère	un dentiste	....
....	une étudiante	un professeur	....

Goed gewerkt! Hoofdstuk 2 zit erop! Noteer het aantal icoontjes en vul je resultaten in op pagina 128 voor je eindevaluatie.

Persoonlijke voornaamwoorden, *être* en *avoir*

Persoonlijke voornaamwoorden als onderwerp (*Pronoms personnels sujet*)

- Het onderwerp is de persoon of de zaak die de door het werkwoord uitgedrukte actie uitvoert.
  Een persoonlijk voornaamwoord in de onderwerpsvorm vervangt die persoon of zaak, bv. **Gaston aime les frites.** → **Il aime les frites**.

- Dit zijn de Franse persoonlijke voornaamwoorden in de onderwerpsvorm:

ENKELVOUD		MEERVOUD	
je/j'	*ik*	**nous**	*wij/we*
tu	*jij/je*	**vous**	*u, jullie*
il	*hij, het (m.)*	**ils**	*zij/ze (m. of gemengde groep)*
elle	*zij/ze, het (v.)*	**elles**	*zij/ze (v.)*
on	*men, je, we, ze (onpers.)*		

- Merk op:

  – **je** verandert in **j'** voor een klinker of een stomme **h**, bv. **J'ai un frère.**

  – **vous** komt overeen met zowel *jullie* als met onze beleefdheidsvorm *u* (let er dus op in een formele situatie onze vervoeging in de 2ᵉ p. ev. te vertalen in een 2ᵉ p. mv.!)

  – **il/elle** en **ils/elles** richten zich in geslacht en getal naar het zelfstandig naamwoord dat ze vervangen; **ils** is ook van toepassing voor een gemengde groep

  – **on** komt overeen met *men* en met het onpersoonlijk gebruikte *je, we, ze*; het kan ook **nous** vervangen.

PERSOONLIJKE VOORNAAMWOORDEN, ÊTRE EN AVOIR

1 Vertaal de Nederlandse persoonlijke voornaamwoorden in het Frans:

a. *(Jij)* .... es très grande!

b. *(Zij)* .... a quarante-cinq ans.

c. *(Wij)* .... sommes Canadiens.

d. *(Zij-v.)* .... adorent les araignées!

e. *(Jullie)* .... êtes très élégantes!

2 Vul de zinnen aan met een persoonlijk voornaamwoord uit de geschenkendoos hiernaast:

a. .... sont au Kenya.

b. .... êtes au cinéma?

c. .... est heureuse.

d. .... sommes à la boulangerie.

e. .... suis allergique au pollen.

De hulpwerkwoorden *être* (zijn) en *avoir* (hebben) in de onvoltooid tegenwoordige tijd

De onvoltooid tegenwoordige tijd (o.t.t.) wordt gebruikt voor een aan de gang zijnde situatie.

ÊTRE		AVOIR	
Ik ben	Je suis	Ik heb	J'ai
Jij bent	Tu es	Jij hebt	Tu as
Hij/Het is	Il est	Hij/Het heeft	Il a
Zij/Het is	Elle est	Zij/Het heeft	Elle a
Wij zijn	Nous sommes	Wij hebben	Nous avons
U bent / Jullie zijn	Vous êtes	U hebt / Jullie hebben	Vous avez
Zij zijn	Ils sont (m.) Elles sont (v.)	Zij hebben	Ils ont (m.) Elles ont (v.)

PERSOONLIJKE VOORNAAMWOORDEN, ÊTRE EN AVOIR

3 Vul de zinnen aan met de juiste vorm van ÊTRE (ZIJN):

a. Il .... peintre.

b. Nous .... étudiants.

c. Elles .... actrices.

d. Vous .... boulangers ?

e. Je .... traducteur.

4 Vul de zinnen aan met de juiste vorm van AVOIR (HEBBEN):

a. J'............................... 45 ans.

b. Nous .... un chien.

c. Ils .... 3 vélos.

d. Tu .... une moto ?

e. Elle .... 2 maisons.

5 Vul de zinnen aan met de juiste vorm van ÊTRE (ZIJN) of AVOIR (HEBBEN):

a. Philippe .... ingénieur.

b. Karine .... un chien et deux hamsters.

c. Clémentine .... très jolie.

d. Nicolas .... gentil.

e. Oriane .... une belle robe.

PERSOONLIJKE VOORNAAMWOORDEN, ÊTRE EN AVOIR

 Onderstreep het juiste persoonlijk voornaamwoord:

a. **Il / Elle / Tu**
est courageuse.

b. **Vous / Tu / J'**
avez une belle voiture !

c. **Il / Vous / Nous**
sommes en Australie.

d. **Elles / Ils / Vous**
sont petits.

e. **Je / Il / Tu**
suis belge.

Persoonlijke voornaamwoorden als lijdend voorwerp

- Het lijdend voorwerp is de persoon of de zaak die de door het werkwoord uitgedrukte actie ondergaat.
  Een persoonlijk voornaamwoord in de lijdend voorwerpsvorm vervangt die persoon of zaak.

- Dit zijn de mogelijke vormen:

NEDERLANDS	FRANS
mij/me	me/m'
jou/je	te/t'
hem/het	le/l'
haar/het	la/l'
ons	nous
u, jullie	vous
hen/ze	les

- **M', t'** en **l'** worden gebruikt voor een klinker of een stomme **h**.
- De lijdend voorwerpsvorm van « **on** » is « **nous** ».
- Persoonlijke voornaamwoorden in de lijdend voorwerpsvorm staan in het Frans voor het werkwoord:
  Xavier me voit (Xavier ziet me).
- Let erop dat bij sommige Franse werkwoorden geen voorzetsel hoort, bv.: *houden van* - **aimer**, *wachten op* - **attendre**.

 Vul de zinnen aan met het juiste persoonlijk voornaamwoord-lijdend voorwerp:

a. Je .... aime ! *(haar)*

b. Tu .... attends quelques minutes ? *(mij)*

c. Elles .... ont invités au restaurant. *(ons)*

d. Je .... ai vus au cinéma. *(jullie)*

e. Stéphanie .... attend depuis une heure. *(jou)*

PERSOONLIJKE VOORNAAMWOORDEN, ÊTRE EN AVOIR

8 Onderstreep het juiste antwoord. Soms zijn beide antwoorden mogelijk!

a. Marc le prend tous les jours. → le train / la voiture

b. Il l'adore ! → Maéva / Bruno

c. Tu la ranges dans quel tiroir ? → la fourchette / le couteau

d. Elle les voit tous les week-ends. → ses cousins / ses cousines

e. Il vous comprend très bien. → toi et ton amie / Adèle et Catherine

Persoonlijke voornaamwoorden als meewerkend voorwerp

- Dit zijn de mogelijke vormen:

NEDERLANDS	FRANS
mij/me	**me/m'**
jou/je	**te/t'**
hem	**lui**
haar	**lui**
ons	**nous**
u, jullie	**vous**
hun/ze	**leur**

- Het meewerkend voorwerp is de persoon of de zaak waarop de door het werkwoord uitgedrukte actie is gericht.
Een persoonlijk voornaamwoord in de meewerkend voorwerpsvorm vervangt die persoon of zaak, bv.:
Sophie parle à Jérôme.
(*Sophie spreekt met wie/à qui ?*)

→ **Sophie lui parle.**
(**lui** vervangt Jérôme = *Sophie spreekt met hem*).

Sophie	parle	à	Jérôme
onderwerp	*werkwoord = actie*	*voorzetsel*	*zelfst. nw.*
Sophie	**lui**	**parle**	
onderwerp	*pers. vnw.-meew. vw. vervangt Jérôme*	*werkwoord = actie*	

9 Vul de zinnen aan met het juiste persoonlijk voornaamwoord-meewerkend voorwerp:

a. Il a dit bonjour à Sophie. → Il .... a dit bonjour.

b. J'ai donné une lettre à toi et à ton frère. → Je...................... ai donné une lettre.

c. Marie pose une question à toi et à moi. → Marie .... pose une question.

d. Elle téléphone à son père tous les dimanches. → Elle .... téléphone tous les dimanches.

e. Ton père a répondu (à toi). → Ton père................................. a répondu.

PERSOONLIJKE VOORNAAMWOORDEN, ÊTRE EN AVOIR

10 Lijdend of meewerkend? Vul het kruiswoordraadsel in aan de hand van de persoonlijke voornaamwoorden die je in de zinnen hebt gebruikt:.

1 → Il .... *(haar)* a répondu oui !

2 → Je .... *(jullie)* ai écrit une lettre.

3 → Vous ......*(ons)* indiquez la mauvaise direction !

4 → Tu .... *(ons)* parles trop fort !

5 → Angèle .... *(hun)* chante une chanson.

6 → Je .... *(haar)* vois dans la cuisine.

7 → Elles .... *(hem)* racontent une longue histoire.

8 → Marcelle veut .... *(u)* voir.

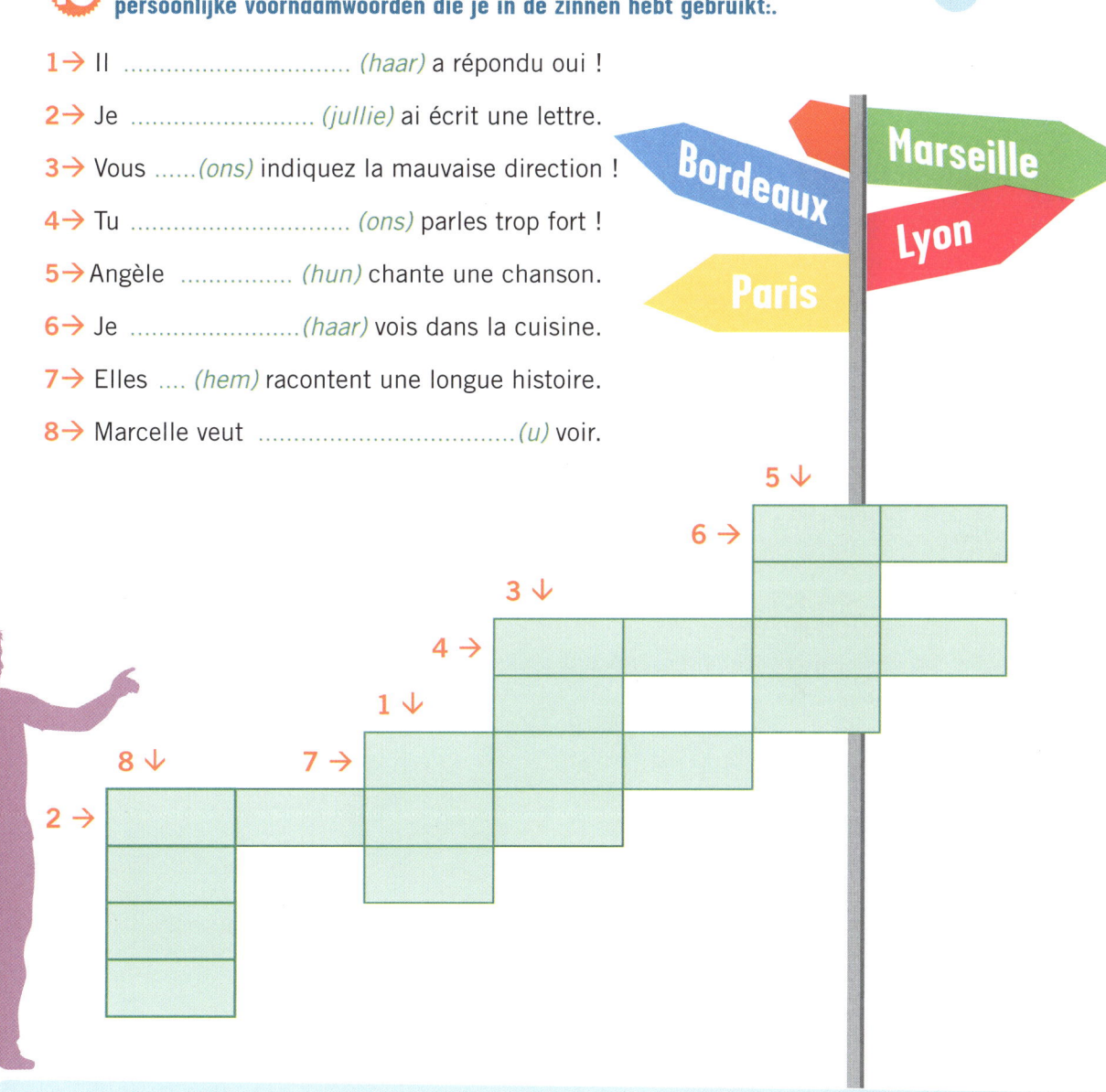

Gefeliciteerd! Je hebt nu ook hoofdstuk 3 af! Tijd om de icoontjes op te tellen en het resultaat naar pagina 128 over te brengen voor je eindevaluatie.

4 Bijvoeglijke naamwoorden, aanwijzen en bezit (deel 1)

Bijvoeglijke naamwoorden (*Adjectifs qualificatifs*)

- Een bijvoeglijk naamwoord beschrijft een eigenschap van een zelfstandig naamwoord of persoonlijk voornaamwoord en in het Frans richt het zich er ook naar in geslacht (vrouwelijk of mannelijk) en getal (enkelvoud of meervoud).

- Er zijn vier mogelijke vormen:

	Enkelvoud	Meervoud
Mannelijk	joli	jolis
Vrouwelijk	jolie	jolies

- **De vrouwelijke vorm** van een bijvoeglijk naamwoord is doorgaans de mannelijke vorm + **-e**: joli → joli**e**. Maar er zijn ook onregelmatige vormen:
  - eindigt de mannelijke vorm al op een **e**, dan verandert die niet in de vrouwelijke vorm: **Il est triste.** → **Elle est triste**.
  - de meest voorkomende onregelmatigheden van mannelijk naar vrouwelijk zijn:

[-n] → [-nne]	[-eur] → [-rice]
[-c] → [-que]	[-f] → [-ve]
[-l] → [-lle]	[-c]/[-s] → [-che]
[-er] → [-ère]	[-g] → [-gue]
[-et] → [-ète]	[-x] → [-se]
[-et] → [-ette]	[-u] → [-üe]
[-eur] → [-euse]	

  - bij sommige bijvoeglijke naamwoorden is er meer verschil, bv. **vieux** → **vieille**, **fou** → **folle**; onthoud ze een voor een!

- **De meervoudsvorm** van een bijvoeglijk naamwoord is meestal de enkelvoudsvorm + **-s**: joli → joli**s**. Maar:
  - eindigt het enkelvoud al op **-s** of **-x**, dan verandert er niets
  - een enkelvoudsvorm op **-al** verandert meestal in **-aux**
  - en een op **-eau** verandert in **-eaux**.

1 Vervolledig de tabel:

Mannelijk enkelvoud	Vrouwelijk enkelvoud	Mannelijk meervoud	Vrouwelijk meervoud
français	française	....	françaises
....	mexicaine	mexicains	mexicaines
grand	grande	grands	....
gros	grosse	....	grosses
poli	....	polis	polies
beau	belle	beaux	....
bon	....	bons	bonnes
....	vieille	vieux	vieilles

BIJVOEGLIJKE NAAMWOORDEN, AANWIJZEN EN BEZIT (DEEL 1)

2 Vul de zinnen aan met een van de volgende bijvoeglijke naamwoorden:

patient   méchants   gentille
amoureux   maladroits   bavardes

a. Quelle générosité ! Elle est vraiment très .... !

b. Fais très attention. Ces chiens sont ....

c. Sois .... Sébastien. Ton tour viendra !

d. Regarde ces deux femmes là-bas ! Elles sont vraiment .... !

e. Oh Marceau, avec un tel sourire, toi, tu es .... !

f. Ils sont tellement .... ! Ils cassent toujours quelque chose…

- Een bijvoeglijk naamwoord staat in het Nederlands doorgaans voor het woord dat het beschrijft, terwijl het er in het Frans meestal op volgt:

  een blauw huis
  → *une maison bleue.*

- Sommige bijvoeglijke naamwoorden staan voor het zelfstandig naamwoord dat ze beschrijven, o.a.:

  – **beau, bon, court, dernier, gentil, grand, gros, haut, jeune, joli, long, mauvais, nouveau, petit** en **vieux**
  – en rangtelwoorden.

3 Voeg het bijvoeglijk naamwoord in zijn juiste vorm toe:

a. Oh, regarde ! Quel paysage ! **(beau)**

....

b. J'aime beaucoup cette robe. **(rouge)**

....

c. C'est une fille. **(jalouse)**

....

d. Quel tableau ! **(joli)**

....

e. Je suis fatigué. C'était un voyage. **(long)**

....

BIJVOEGLIJKE NAAMWOORDEN, AANWIJZEN EN BEZIT (DEEL 1)

Nationaliteit

- Wanneer men het over iemand uit een bepaald land heeft, moet een hoofdletter gebruikt worden: **un A̲ustralien, les A̲ustraliens**.
- Bijvoeglijke naamwoorden (en de naam van een taal) schrijf je in het Frans met een kleine letter: **la cuisine f̲rançaise (ou** "de Franse keuken" **en néerlandais) ; les enfants sont a̲nglais (mais parlent aussi le français).**
- Maak bij nationaliteit het onderscheid m./v.: **un A̲fricain/une A̲fricaine**.
- Landen zijn in het Frans mannelijk of vrouwelijk: **le̲ Portugal, la̲ Finlande**.

4 Onderstreep de juiste vorm van het bijvoeglijk naamwoord m.b.t. nationaliteit:

a. Mon ami est anglais / anglaise / anglaises.

b. Cette fille est coréen / coréenne / coréennes.

c. Ses parents sont finlandais / finlandaise / finlandaises.

d. Ce groupe de musique est canadien / canadienne / canadiens / canadiennes.

e. Les joueurs de cette équipe sont chinois / chinoise / chinoises.

f. Les chanteuses de cette chorale sont américain / américaine / américains / américaines.

5 Vul de tabel aan:

Vlag	Mannelijk ev.	Vrouwelijk ev.	Mannelijk mv.	Vrouwelijk mv.
🇳🇱	Hollandais	Hollandaise	Hollandais	Hollandaises
🇪🇸				
🇮🇹				
🇸🇪				
🇮🇪				
🇳🇴				
🇯🇵				
🇲🇽				
🇧🇷				
🇩🇪				

BIJVOEGLIJKE NAAMWOORDEN, AANWIJZEN EN BEZIT (DEEL 1)

Kleuren

De volgende kleuren zijn gelijk in de mannelijke, vrouwelijke, enkel- en meervoudsvorm:
– afgeleid van een vrucht (**cerise**, **olive**), bloem (**lavande**), edelsteen (**émeraude**) of metaal (**argent**)
– in een samengestelde vorm (**bleu marine**).
Ses chaussures sont <u>marron</u> (*bruin/kastanje*). **Elle a des yeux <u>bleu clair</u>** (*lichtblauw*).

6 Vul de tabel aan:

Kleur	Mannelijk ev.	Vrouwelijk ev.	Mannelijk mv.	Vrouwelijk mv.
	jaune	jaune	jaunes	jaunes

7 Vul de zinnen aan met de juiste vorm van het bijvoeglijk naamwoord:

a. De belles chaussures (bleu)
....

b. De très jolies fleurs (jaune)
....

c. De beaux pulls (marron)
....

d. Une élégante cravate (noir)
....

e. Un buisson (vert)
....

BIJVOEGLIJKE NAAMWOORDEN, AANWIJZEN EN BEZIT (DEEL 1)

Aanwijzende voornaamwoorden (bijvoeglijk gebruik) (*Adjectifs démonstratifs*)

- Bijvoeglijk gebruikte aanwijzende voornaamwoorden richten zich in geslacht en getal naar het zelfstandig naamwoord dat erop volgt (en heten in het Frans trouwens **des adjectifs démonstratifs**):

	Enkelvoud	Meervoud
Mannelijk	ce, cet	ces
Vrouwelijk	cette	ces

- « **Cet** » staat voor een zelfstandig of bijvoeglijk naamwoord in het mannelijk enkelvoud dat begint met een klinker of een stomme h: <u>cet</u> ananas, <u>cet</u> habit (*kledingstuk*).

8 Omcirkel het juiste aanwijzend voornaamwoord:

a. J'ai beaucoup aimé (**ce / cet / cette / ces**) film !

b. Quelle horreur ! (**Ce / Cet / Cette / Ces**) pomme était pourrie *(bedorven, rot)* !

c. (**Ce / Cet / Cette / Ces**) enfants sont très bruyants *(luidruchtig)*.

d. Peux-tu me passer (**ce / cet / cette / ces**) plat, s'il te plaît ?

e. (**Ce / Cet / Cette / Ces**) homme a une cravate rigolote *(grappig)* !

Bezittelijke voornaamwoorden (bijvoeglijk gebruik) (*Adjectifs possessifs*)

- In tegenstelling tot het Nederlands, richten bijvoeglijk gebruikte bezittelijke voornaamwoorden zich in geslacht en getal naar het erop volgende zelfstandig naamwoord (ze heten dan ook **des adjectifs possessifs**):

Mann. ev.	Vrouw. ev.	Meervoud
mon	ma	mes
ton	ta	tes
son	sa	ses
notre	notre	nos
votre	votre	vos
leur	leur	leurs

- Noteer dat de mannelijke vorm vereist is voor een woord dat begint met een klinker of een stomme **h**: **mon** amie Sophie.

BIJVOEGLIJKE NAAMWOORDEN, AANWIJZEN EN BEZIT (DEEL 1)

9 Kies het passende bezittelijk voornaamwoord uit de tabel om de zinnen aan te vullen:

a. As-tu vu ……… *(mijn)* livre ? Je ne le trouve pas !

b. ……………………… *(zijn)* sœurs sont très grandes !

c. J'adore ………. *(hun)* chien ! Il est très amusant !

d. ……………………… *(zijn)* amie s'appelle Éléanore.

e. ………………… *(jouw)* père est très gentil, Anne !

Met een lichaamsdeel

Bij **avoir** of een wederkerend werkwoord (zoals **se laver**) wordt een bepaald lidwoord en dus geen bezittelijk voornaamwoord gebruikt:

J'ai les cheveux blonds.
(Ik heb blond haar.)

Elle s'est lavé les mains.
(Ze heeft haar handen gewassen.)

10 Vertaal de volgende zinnen:

a. Hij heeft bruin haar.
………………………………………………………………

b. Zijn vader is Frans.
………………………………………………………………

c. Hun kat is wit.
………………………………………………………………

d. Ze heeft gisteren haar haar gewassen.
………………………………………………………………

e. Jullie huis is heel groot!
………………………………………………………………

Gefeliciteerd! Je bent klaar met hoofdstuk 4! Tijd om de icoontjes op te tellen en het resultaat naar pagina 128 over te brengen voor je eindevaluatie.

Trappen van vergelijking

De comparatief bij bijvoeglijke naamwoorden

De comparatief (vergelijkende trap) dient om mensen of zaken met elkaar te vergelijken:
- **verkleinend: moins ... que ...** = *minder ... dan ...*
  (bv.: **Karine est <u>moins</u> fatiguée <u>que</u> Coralie.** = *Karine is minder moe dan Coralie.*)
- **gelijkheid: aussi ... que ...** = *even ... als ...*
  (bv.: **Sophie est <u>aussi</u> jolie <u>qu'</u>Éloïse.** = *Sophie is even knap als Éloïse.*)
- **vergrotend: plus ... que** = *...er / meer ... dan ...*
  (bv.: **Pierre est <u>plus</u> grand <u>que</u> Daniel.** = *Pierre is groter dan Daniel.*)

Let op: **que** wordt **qu'** voor een klinker of een stomme **h** en het bijvoeglijk naamwoord moet zich richten naar het onderwerp (dus het eerste van de twee vergeleken elementen).

1 Vorm aan de hand van het bijvoeglijk naamwoord en het symbool (**−** verkleinend; **=** gelijkheid; **+** vergrotend) de comparatief:

Vb.: Mon frère est (grand **+**) <u>plus grand</u> que mon père.

a. Son chat est (**rapide −**) .... son chien !

b. Floriane est (**jolie =**) .... Martine.

c. Ce livre est (**intéressant +**) .... celui-là.

d. Laurent est (**gentil −**) .... Sylvain.

e. Ta maison est (**grande =**) .... la mienne.

2 Vertaal de zinnen in het Nederlands:

a. Cette table est plus grande que celle-là.
= ....

b. Alexandre est aussi sportif que Julien.
= ....

c. Sophie est moins jolie que Karine.
= ....

d. Julien est aussi drôle que Lily.
= ....

e. Le sac bleu est plus grand que le sac noir.
= ....

TRAPPEN VAN VERGELIJKING

3 Onderstreep de juiste vorm van het bijvoeglijk naamwoord:

a. Elles sont plus **bavard / bavarde / bavards / bavardes** que nous.
b. Marion est aussi **beau / belle / beaux / belles** que Sophie.
c. Emmanuel est aussi **intelligent / intelligente / intelligents / intelligentes** que Claire.
d. Louis et Gabriel sont moins **gentil / gentille / gentils / gentilles** que Catherine et Jennifer.
e. L'arbre de droite est plus **petit / petite / petits / petites** que l'arbre de gauche.

De comparatief bij bijwoorden

- Dezelfde regels als hierboven zijn van toepassing.
- Een bijwoord geeft meer informatie over een bijvoeglijk naamwoord, een ander bijwoord of een werkwoord (bv.: **il écrit lentement** = *hij schrijft langzaam*).
- Sommige bijwoorden, zoals **vite** (*vlug*), **bien** (*goed*) en **mal** (*slecht*), worden niet afgeleid van een ander woord, maar veel andere hebben een bijvoeglijk naamwoord als basis:
– bij een mannelijk bijv. nw. dat eindigt op een klinker → het suffix **-ment** toevoegen (**facile → facilement**)
– bij een mannelijk bijv. nw. dat eindigt op een medeklinker → het suffix **-ment** toevoegen aan de vrouwelijke vorm (**seul → seule → seulement**)
– bij een mannelijk bijv. nw. op **-ent** → **-emment** (**prudent** (*voorzichtig*) → **prudemment**), op **-ant** → **-amment** (**élégant** → **élégamment**)
– er zijn ook onregelmatige vormen, zoals **énorme** (*enorm*) → **énormément**; **gentil** (*vriendelijk*) → **gentiment**; **meilleur** (*beter*) → **mieux**.

4 Bijvoeglijk naamwoord of bijwoord? Verplaats de woorden naar de juiste kolom:

Bijvoeglijke naamwoorden	Bijwoorden

FACILEMENT   **Belle**   **Rapidement**
Gentil   **Mieux**   **Malheureusement**

TRAPPEN VAN VERGELIJKING

5 Leid van de bijvoeglijke naamwoorden het bijwoord af:

Vb.: heureux → heureusement

a. rare → ....
b. poli → ....
c. courageux → .... → ....
d. prudent → ....
e. parfait → .... → ....

De superlatief

- Bij de superlatief (overtreffende trap) steekt iemand of iets boven het vergeleken element uit en maakt men gebruik van het passende lidwoord **le, la** of **les** + **plus** of **moins**, bv. **la plus/moins belle image** *(het mooiste / minst mooie beeld).*

- Bijvoeglijke naamwoorden in een superlatiefvorm moeten, net als alle andere bijvoeglijke naamwoorden, overeenkomen met hun onderwerp, bv. **les pommes les plus rouges** *(de roodste appels).*

- Staat het bijvoeglijk naamwoord achter het zelfstandig naamwoord, dan wordt het lidwoord (**le, la** of **les**) herhaald, bv. **C'est le restaurant le plus cher** de la ville.

- En na een superlatief wordt « **de** » gebruikt voor ons "van": *Julian is de meest intelligente van de klas* = **Julian est le plus intelligent** de la classe.

6 Omcirkel het correcte lidwoord in de zinnen:

a. C'est **le / la / les** plus belle maison du quartier.
b. Ce sont les garçons **le / la / les** plus polis de la classe !
c. Ce sont **le / la / les** robes les plus laides du magasin.
d. C'est **le / la / les** chien le plus méchant du parc.
e. C'est **le / la / les** fille la plus jolie du village.

7 Gebruik in deze zinnen met een superlatief de juiste vorm van het bijvoeglijk naamwoord:

a. Ces fleurs sont les plus **(coloré)** .... du jardin.
b. Elle est la plus **(actif)** ....de sa classe.
c. Ce bébé est le plus **(mignon)** .... que je connaisse.
d. Leurs voitures sont les plus **(propre)** .... de la rue !
e. Jeanne est la femme la plus **(maladroit)** .... !

TRAPPEN VAN VERGELIJKING

8 Vul de zinnen aan met het passende lidwoord of met het voorzetsel « de »:

a. C'est la maison .... plus chère du quartier.

b. Sophie est la fille .... moins sportive du groupe.

c. Jonathan est le garçon le plus rapide .... son club.

d. Les dattes sont les fruits .... plus sucrés.

e. Joséphine est la plus maligne .... l'école.

Onregelmatige vormen

- Meestal wordt de superlatief gebruikt met een bijvoeglijk naamwoord, maar het kan ook met een bijwoord.

- Het bijvoeglijk naamwoord **mauvais** (*slecht*) wordt in een vergelijking **pire** (*slechter*), niet **plus mauvais**: **il est pire que moi** = *hij is slechter/erger dan ik*

- en **le pire** in de superlatief: **C'est la pire semaine de ma vie !** = *Het is de ergste week van mijn leven!*

- Het bijvoeglijk naamwoord **bon** (*goed*) wordt **meilleur** (*beter*) in de comparatief.

- Het bijwoord **bien** (*goed*) wordt **mieux** (*beter*) in de comparatief en **le mieux** (*de beste*) in de superlatief.

9 Vul de zinnen aan met de passende comparatief- of superlatiefvorm:

Vb.: Noah est (+ mignon) <u>le plus mignon</u> de sa classe.

a. Élisa est (= étourdie) .... Vanessa.

b. C'est (+ bon) .... gâteau du menu.

c. Ils sont (+ timides) .... leurs parents.

d. Audrey est la fille (+ généreuse) .... que je connaisse.

e. Ce livre est (- mauvais) .... que j'aie jamais lu !

Gefeliciteerd! Hoofdstuk 5 zit erop! Tijd om de icoontjes op te tellen en het resultaat naar pagina 128 over te brengen voor je eindevaluatie.

Zinnen

Bevestigende zinnen

De meest voorkomende constructie van een Franse bevestigende zin is:
onderwerp + werkwoord + voorwerp.

Je	regarde	un film de science-fiction.
onderwerp	*werkwoord*	*voorwerp*

1 Plaats de zinsdelen in de juiste kolom:
Vb.: Je vais au cinéma.

a. Il mange du gâteau.
b. Nous avons vu Charles et Simon.
c. Vous chantez une belle mélodie.
d. Elle donne des bonbons !
e. Nous aimons les films de science-fiction.

	Onderwerp	Werkwoord	Voorwerp
	Je	vais	au cinéma.
a.			
b.			
c.			
d.			
e.			

ZINNEN

2 Zet de zinsdelen in de juiste volgorde om een zin te vormen:
Vb.: suis / France / Je / en /. → Je suis en France.

a. au restaurant / a invité / Julie / ses amis /.
....

b. voiture / une / Sylvain / nouvelle / a acheté /.
....

c. Son / très / est / pull / joli /.
....

d. en / voyage / train / Christian / souvent /.
....

e. à 8 heures / prend / Léon / petit / son / déjeuner /.
....

Ontkennende constructies

- De meest voorkomende ontkennende constructies zijn **ne** + werkwoord + een van de volgende woorden:
  - **pas** = niet/geen: Nous **n'**avons **pas** de chien. = *We hebben geen hond.*
  - **rien** = niets: Je **ne** sais **rien**. = *Ik weet niets.*
  - **plus** = niet/geen meer: Solène **ne** boude **plus**. = *Solène mokt niet meer.*
  - **aucun(e)** = geen enkel(e): Il **n'**a **aucun** ami. = *Hij heeft geen enkele vriend.*
  - **jamais** = nooit: Je ne suis **jamais** allé en Belgique. = *Ik ben nooit naar België gegaan.*
  - **ni ... ni ...** = noch ... noch ...: Elle n'aime **ni** les pommes **ni** les poires. = *Ze lust appelen noch peren.*

- Merk op dat **ne** verandert in **n'** voor een klinker of een stomme **h**: Il **n'**habite **pas** chez ses parents.

- In de voltooid tegenwoordige tijd staan de ontkennende zinselementen rond het hulpwerkwoord (behalve bij **ne ... personne** en **ne ... que**): Il **n'**a **jamais** vu ce film. = *Hij heeft deze film nooit gezien.*

ZINNEN

3 Vul de zinnen aan met de passende ontkenning:

Vb. Je ..... ai ...... de voiture (geen) → Je **n'**ai **pas** de voiture.

a. Estelle ...... est .... malade. **(niet meer)**

b. Martine .... a .... chat ...... chien. **(noch...noch)**

c. Stéphanie .... est .... méchante. **(niet)**

d. Roger .... a .... mangé de calamar. **(nooit)**

e. Julian .... a .... bu hier soir. **(niets)**

4 Vorm om tot ontkennende zinnen:

a. Achille aime les fraises.

→ ....

b. Violette joue toujours au tennis.

→ ....

c. Romain est blond.

→ ....

d. Séverine regarde un film d'aventure.

→ ....

e. Olivier est petit.

→ ....

Vraagzinnen

- **Gesloten vragen (ja/nee-antwoorden):** onderwerp en werkwoord kunnen van plaats wisselen, maar het hoeft niet, bv. **Es-tu content ?** – **Tu es content ?** = *Ben je tevreden?*

- **Let op**: eindigt het werkwoord op een klinker, dan moet bij **il/elle/on -t-** ingelast worden: **A-t-elle un chat ?**

- **Est-ce que ... ?**: om een gesloten vraag te stellen, kan ook **est-ce que** voor het onderwerp gezet worden: **Est-ce que tu es content ?** = *Ben je tevreden?*

ZINNEN

5 Zet de zinsdelen in de juiste volgorde om een zin te vormen:

Vb.: suis / France / Je / en / Est-ce que / ?
→ Est-ce que je suis en France ?

a. les poires / Ginette / Est-ce que / aime / ?

→ ....

b. le chinois / elle / parle / Françoise / -t- / ?

→ ....

c. Australie / que / Marine / Est / en / ? / -ce / vit

→ ....

d. voir / Peut / venir / -il / me / ?

→ ....

e. -elle / mon / écouter / Veut / CD / ?

→ ....

6 Vorm om tot vraagzinnen met « est-ce que »:

Vb. Elle aime le gâteau. → Est-ce qu'elle aime le gâteau ?

a. Il déteste les chats.

→ .... ?

b. Tu vas au cinéma.

→ .... ?

c. Vous regardez la télé.

→ .... ?

d. Ils sont allés en Italie.

→ .... ?

e. Elle aime ma confiture.

→ .... ?

ZINNEN

Vragen ingeleid door een vraagwoord

• Bij dit soort vragen verwacht je meer dan alleen "ja" of "nee" als antwoord, bv.: **Où vas-tu ?** = *Waar ga je heen?* – **Je vais au cinéma.** = *Ik ga naar de bioscoop.*

• Opmerking: bij een vraag in de onkennende vorm moet **ne** voor en **pas** achter het werkwoord staan (**ne** wordt **n'** voor een klinker of een stomme **h**), bv.: **Ne mangez-vous pas de tarte ?** = *Eet u / Eten jullie geen taart?* – **N'aimez-vous pas l'opéra ?** = *Houdt u / Houden jullie niet van opera?*

Vraagwoorden *(Mots interrogatifs):*

NEDERLANDS	FRANS	NEDERLANDS	FRANS
wie	**qui**	*waar*	**où**
wat	**que**	*waarom*	**pourquoi**
	qu'est-ce que	*hoe*	**comment**
	quoi	*hoeveel*	**combien**
welk(e)	**quel/quelle/quels/quelles**	*hoelang*	**combien de temps**
wanneer	**quand**	*hoe laat*	**à quelle heure**

7 Vul het juiste vraagwoord in:

a. .... son train arrive-t-il à la gare ?

b. .... a mangé mon yaourt ?

c. .... ce collier coûte-t-il ?

d. .... es-tu rentré ? Tu avais oublié la clé !

e. .... fait-il dans sa chambre ?

8 Welke vraag hoort bij de antwoorden?

Vb.: Quand viens-tu me voir ?
→ Tu viens me voir vendredi.

a. .... ?
→ Je vais bien merci !

b. .... ?
→ Il habite à Paris.

c. .... ?
→ Le film a duré 110 minutes.

d. .... ?
→ Sophie est rentrée parce qu'elle était fatiguée.

e. .... ?
→ C'est Louis qui a cassé le vase.

Verschillen tussen Frans en Nederlands

- Frans bijvoeglijk naamwoord meestal achter het zelfstandig naamwoord: **Elle porte une robe verte.** = *Ze draagt een groene jurk.*

- Franse ontkenning in twee delen rond het werkwoord: **Il ne va jamais en Italie.** = *Hij gaat nooit naar Italië.*

9 Vertaal de zinnen:

a. Ik ga nooit naar het theater. → ....

b. Wie heeft mijn boek genomen? → ....

c. Wanneer komt ze thuis? → ....

d. Ik verkies de blauwe lange broek. → ....

e. Hij wil vanavond niet uitgaan. → ....

10 Vul het telefoongesprek aan met wat je hebt geleerd in deze les:

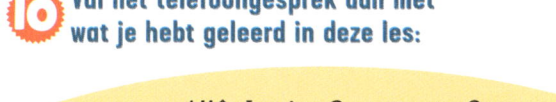

« Allô, Louise ? __ es-tu ?
Nous sommes inquiets. Nous __ savons (weten) ___ où tu es. _____
tu fais ? _____ n'as-tu pas téléphoné ?
__ recommence _____ (nooit) ! »

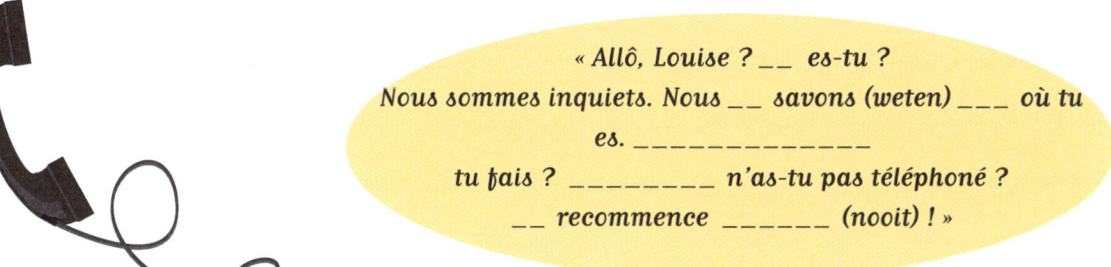

Gefeliciteerd! Je hebt net hoofdstuk 6 afgewerkt! Tijd om de icoontjes op te tellen en het resultaat over te brengen naar pagina 128 voor je eindevaluatie.

7
Aanwijzen en bezit (deel 2), en meer voornaamwoorden
(wederkerende, betrekkelijke, vragende + *en* en *y*)

Wederkerende voornaamwoorden (*Pronoms réfléchis*)

Wederkerende voornaamwoorden staan bij een wederkerend werkwoord, bv. se présenter - *zich voorstellen*, **se raser** - *zich scheren*.

NEDERLANDS	FRANS
me	me/m'
je	te/t'
zich	se/s'
ons	nous
zich/je (bij u/jullie)	vous
zich	se

Wederkerende werkwoorden

- Bij wederkerende werkwoorden heeft de actie betrekking op het onderwerp, bv. elle <u>se</u> lave (*ze wast zich*).

- Hun voltooid tegenwoordige tijd wordt gevormd met het hulpwerkwoord être *(zijn)*, bv. il <u>s'</u>est rasé = *hij heeft zich geschoren*.

- Een werkwoord dat in het Frans wederkerig is, is dat niet altijd in het Nederlands, bv. <u>se</u> disputer - *ruziën*.

- Al dan niet wederkerend gebruik kan de betekenis bepalen, bv. appeler - *roepen*, maar s'appeler - *heten*.

se **nous**
s'
vous **te**
me

 Vul aan met een van de wederkerende voornaamwoorden hiernaast. Let op, daar staat één te veel!

a. Elle .... réveille à 7 heures tous les matins.

b. Je .... rappelle Bruno.

c. Nous .... sommes encore disputés.

d. Vous .... téléphonez souvent ?

e. Il ne .... est pas rasé ce matin.

AANWIJZEN EN BEZIT (DEEL 2), EN MEER VOORNAAMWOORDEN

2 **Vul de juiste wederkerende vorm in:**

a. Elle .... très tôt le mardi matin. (se lever)

b. Je .... toujours en jean ! (s'habiller)

c. Il ne .... jamais. Quelle horreur ! (se laver)

d. Nous .... beaucoup ! Vive les vacances ! (s'amuser)

e. Vous .... à quelle heure le samedi soir ? (se coucher)

Aanwijzende voornaamwoorden (zelfstandig gebruik) (*Pronoms démonstratifs*)

Dit zijn de zelfstandig gebruikte aanwijzende voornaamwoorden:

	Enkelvoud	Meervoud
Mannelijk	celui	ceux
Vrouwelijk	celle	celles

Deze voornaamwoorden kunnen gebruikt worden:

- met een voorzetsel zoals à, de, dans + zelfstandig naamwoord:
  J'aime cette maison mais je n'aime pas celle de mes parents. = *Ik vind dit huis leuk, maar ik vind dat van mijn ouders niet leuk*

- met een betrekkelijk voornaamwoord zoals qui: **celui qui est venu hier** = *degene die gisteren gekomen is*

- met (en voor) -ci en -là:

		Mannelijk	Vrouwelijk	Nederlands
Enkelvoud		celui-ci	celle-ci	*deze/dit (hier)*
		celui-là	celle-là	*die/dat (daar)*
Meervoud		ceux-ci	celles-ci	*deze (hier)*
		ceux-là	celles-là	*die (daar)*

- **Ce (c')** is de neutrale vorm van celui en wordt gebruikt voor een betrekkelijk voornaamwoord (ce que/qui) of in de constructie c'est.

- **Ceci en cela (ça):** *dit* en *dat*. **Cela** n'est pas vrai. = *Dat is niet waar*. Deze voornaamwoorden veranderen noch in aantal noch in geslacht.

AANWIJZEN EN BEZIT (DEEL 2), EN MEER VOORNAAMWOORDEN

3 Verbind het zelfstandig naamwoord met het passende aanwijzend voornaamwoord:

Les montres • • Celles
L'enfant • • Celui
La chambre • • Ceux
Les jupes • • Celles
Le manteau • • Celui
Les livres • • Celle

4 Vertaal de aanwijzende voornaamwoorden in de juiste vorm:
Vb.: J'adore ces boucles d'oreilles. Lesquelles ? → Celles-là (*die (daar)*).

a. Je veux voir ce film. Lequel ? → .... (*deze (hier)*)

b. J'aimerais une baguette, s'il vous plaît. Laquelle ? → .... (*dit (hier)*)

c. As-tu lu les livres de Bernard Werber ? Lesquels ? → .... (*die (daar)*)

d. As-tu amené le dossier? Lequel ? → .... (*dat (daar)*)

e. Nous voulons visiter beaucoup de pays. Lesquels ? → .... (*deze (hier)*)

Vragende voornaamwoorden (*Pronoms interrogatifs*)

- **Qui** = *wie*.
- **Que/Quoi** = *wat*.
- **Quel**, dat zich richt naar datgene waarnaar het verwijst, komt meestal overeen met *welk*: Quel jour ? Quelle voiture ? Quels livres ? Quelles couleurs ? = *Welke dag? Welke auto? Welke boeken? Welke kleuren?* Maar: Quelle heure est-il ? = *Hoe laat is het?* en Quel temps ! = *Wat 'n weer!*

	Enkelvoud	Meervoud
Mannelijk	quel	quels
Vrouwelijk	quelle	quelles

- **Lequel** = *dewelke/hetwelk* en moet over-eenkomen met zijn onderwerp:

	Enkelvoud	Meervoud
Mannelijk	lequel	lesquels
Vrouwelijk	laquelle	lesquelles

AANWIJZEN EN BEZIT (DEEL 2), EN MEER VOORNAAMWOORDEN

5 QUI of QUE? Kies het juiste vraagwoord:

a. .... fais-tu dans la cuisine ?

b. .... a pris mon manteau ?

c. .... veut-il faire ce soir ?

d. .... est ce jeune homme ?

e. .... a apporté le gâteau ?

6 Vul aan met een van de voornaamwoorden uit de hoed. Let op, je moet er een overhouden!

« .... robe veux-tu mettre aujourd'hui ?
– Je ne sais pas. Celle qui est jolie.

– .... ?
– La bleue.

– Et .... chaussures veux-tu porter ?
– Celles qui sont confortables.

– Mais .... ?
– Les sandales.

– Et .... chapeau aimerais-tu ?
– Celui avec une fleur. Merci ! »

Bezittelijke voornaamwoorden (zelfstandig gebruik)
(Pronoms possessifs)

- Zelfstandig gebruikte bezittelijke voornaamwoorden vervangen een zelfstandig naamwoord en richten zich daarnaar:

  ma montre (*mijn horloge*) → **la mienne** (*het mijne*).

- De mogelijke vormen zijn:

NEDERLANDS	FRANS
de/het mijne	le mien, la mienne les miens, les miennes
de/het jouwe	le tien, la tienne les tiens, les tiennes
de/het zijne de/het hare	le sien, les siens la sienne, les siennes
de/het onze	le nôtre, la nôtre les nôtres
de/het uwe die/dat van jullie	le vôtre, la vôtre, les vôtres
de/het hunne	le leur, la leur les leurs

AANWIJZEN EN BEZIT (DEEL 2), EN MEER VOORNAAMWOORDEN

7 Vul aan met het juiste bezittelijk voornaamwoord, zoals in het voorbeeld:

Vb.: J'aime mon beau blouson ! → J'aime le mien.

a. J'aime leur belle voiture. → J'aime ....

b. J'aime son beau sac à main. → J'aime ....

c. J'aime nos beaux chaussons. → J'aime ....

d. J'aime ta jolie robe. → J'aime ....

e. J'aime ses superbes chaussures. → J'aime ....

Betrekkelijke voornaamwoorden (*Pronoms relatifs*)

Een betrekkelijk voornaamwoord verwijst naar iemand/iets die/dat voorafgaat (= een antecedent) en verbindt dit (voor)naamwoord met de erop volgende, bepalende zin.

- « Qui » en « que » zijn de equivalenten van onze betrekkelijke voornaamwoorden "*die*", "*dat*": *Ik heb een nieuwe auto die heel snel gaat!* → J'ai une nouvelle voiture <u>qui</u> va très vite !, *Het boek dat ik gelezen heb, is geweldig!* → Le livre <u>que</u> j'ai lu est génial !

- **Qui** is het onderwerp van het werkwoord dat erop volgt: l'homme <u>qui</u> était dans la rue = *de man die op straat was.*

- **Que** is het lijdend voorwerp: le film <u>qu'</u>Aurélie regarde = *de film die Aurélie bekijkt.*

- Om i.p.v. een woord een hele zin te vervangen, moet je « ce que » of « ce qui » gebruiken: *Ze houdt nooit op met praten, wat ik heel vervelend vind.* → Elle ne s'arrête jamais de parler, <u>ce que</u> je trouve très énervant.

8 QUI of QUE? Omcirkel het juiste antwoord in de volgende zinnen:

a. L'enfant que / qui pleurait était perdu.

b. Le dernier film que / qui j'ai vu était merveilleux.

c. La tarte que / qui maman a préparée est délicieuse !

d. Je connais la femme que / qui est devant la boutique.

e. Je déteste le parfum que / qui tu portes aujourd'hui.

AANWIJZEN EN BEZIT (DEEL 2), EN MEER VOORNAAMWOORDEN

9 CE QUE of CE QUI? Omcirkel het juiste antwoord in de volgende zinnen:

a. Le bébé a pleuré toute la nuit, ce que / ce qui j'ai trouvé fatigant.
b. Il pleut encore, ce que / ce qui est très ennuyeux.
c. Je t'ai dit de ranger ta chambre, ce que / ce qui je t'ai déjà demandé 3 fois !
d. Le professeur est absent, ce que / ce qui signifie que nous pouvons rentrer chez nous.
e. Il a amené des fleurs, ce que / ce qui je trouve très gentil.

En / y

- Het Franse voornaamwoord «en» komt overeen met ons "er" en afleidingen zoals "ervan, erover": Combien d'amis a-t-il ? Il en a 15. → Hoeveel vrienden heeft hij? Hij heeft er 15.

- Ook het voornaamwoord «y» komt overeen met "er", maar dan in de betekenis van "daar": Ze gaat naar Frankrijk volgend jaar; ze gaat er met het vliegtuig heen. → Elle va en France l'année prochaine ; elle y va en avion.

- Opmerkingen: «En» en «y» staan voor het werkwoord: J'en ai. = Ik heb er. In een ontkenning verandert de ne voor en/y in n': Je n'en ai pas. = Ik heb er geen.

10 Vul aan met EN of Y, afhankelijk van de context:

a. As-tu des livres ?
Oui j'............... ai.

b. Est-il passé au bureau ?
Oui, il .... est allé.

c. As-tu acheté des poires ?
Non, je n'............................ ai pas acheté.

d. Avons-nous des stylos noirs ?
Oui, nous .... avons.

e. Jacques était-il au magasin ?
Non, il n'............................ était pas.

Gefeliciteerd! Je bent klaar met hoofdstuk 7! Tijd om de icoontjes op te tellen en het resultaat over te brengen naar pagina 128 voor je eindevaluatie.

Tellen en tijdsaanduidingen

Hoofdtelwoorden

Hoofdtelwoorden (nombres cardinaux) duiden aantallen en nummers aan.

- **Un** is het enige hoofdtelwoord met een mannelijke en vrouwelijke vorm: un lapin – une tortue.

- Vingt en cent krijgen een -s als er geen ander getal volgt en na een getal:
  quatre-vingt<u>s</u> → quatre-vingt-<u>douze</u> ;
  deux cent<u>s</u> → deux cent <u>cinquante</u>.

- Mille krijgt nooit een -s.

1 Ken je de hoofdtelwoorden nog? Vul de lijst verder aan:

1	un/une	19	dix-neuf	80	
2	deux	20	vingt	81	quatre-vingt-un
3	trois	21		82	quatre-vingt-deux
4	quatre	22	vingt-deux	90	
5	cinq	30	trente	91	quatre-vingt-onze
6	six	31	trente et un	92	quatre-vingt-douze
7	sept	32	trente-deux		
8		40	quarante		
9	neuf	41	quarante et un		
10	dix	42	quarante-deux		
11	onze	50			
12	douze	70			
13	treize	74	soixante-quatorze		
14		75	soixante-quinze		
15	quinze	76			
16	seize	77	soixante-dix-sept		
17	dix-sept	78	soixante-dix-huit		
18	dix-huit	79	soixante-dix-neuf		

100	cent
101	cent un
102	cent deux
200	
201	deux cent un
202	deux cent deux
1 000	mille
2 000	
2 001	deux mille un
2 002	deux mille deux
100 000	cent mille
1 000 000	un million

TELLEN EN TIJDSAANDUIDINGEN

2 Verbind de sommen links met hun resultaat rechts:

2 + 5	=	quatre-vingts
10 x 8	=	vingt et un
9 x 2	=	soixante-treize
10 000 : 10	=	sept
51 + 22	=	soixante-quatorze
30 – 9	=	mille
35 + 39	=	trente-six
216 : 6	=	dix-huit

3 Welk van de onderstaande getallen verschilt van alle andere?

douze

cinquante-deux

cent quarante-six

cinq cent quatre-vingt-huit

onze

mille huit cents

six

Rangtelwoorden

Rangtelwoorden (nombres ordinaux) duiden rang of positie aan (eerste, tweede,...).

Opmerking: de vrouwelijke vorm van « premier » is « première »: le premier livre que j'ai lu ; la première fille que j'ai vue.

TELLEN EN TIJDSAANDUIDINGEN

4 Ken je de rangtelwoorden nog? Vul verder aan:

1er	premier	12e	douzième	23e	vingt-troisième
2e	deuxième	13e	treizième	24e	vingt-quatrième
3e	troisième	14e	quatorzième	25e	vingt-cinquième
4e		15e	quinzième	26e	
5e	cinquième	16e		27e	vingt-septième
6e	sixième	17e		28e	vingt-huitième
7e	septième	18e	dix-huitième	29e	vingt-neuvième
8e	huitième	19e	dix-neuvième	30e	trentième
9e		20e	vingtième	40e	quarantième
10e	dixième	21e		70e	soixante-dixième
11e	onzième	22e	vingt-deuxième		

100e	centième
1 000e	

5 Herschik de letters om er het rangtelwoord in te vinden:

a. ÈAURIAMEQTN = _____

b. TNGUMENNEÈTCVIVIE = _____

c. RREEIMP = _____

d. ÈONIEMXISAT = _____

e. MMELIÈIL = _____

f. RITTEÈEMN = _____

Dagen en maanden

De namen van dagen en maanden zijn allemaal mannelijk.

TELLLEN EN TIJDSAANDUIDINGEN

6 Ken je de dagen van de week nog? Vul aan:

Lundi

....

Mercredi

....

Vendredi

....

....

7 Ken je de maanden van het jaar nog? Vul aan:

Janvier

....

Mars

....

Mai

....

Juillet

....

Septembre

....

Novembre

....

8 Vertaal de zinnen in het Nederlands:

a. J'ai vu Jean-Philippe avant-hier.

= ....

b. Qu'as-tu fait le lendemain ?

= ....

c. Veux-tu aller au cinéma vendredi prochain ?

= ....

d. Ella a vu ce film mardi dernier.

= ....

e. Il fait vraiment beau aujourd'hui !

= ....

Wanneer in de week?

maandag = **lundi**

op maandag, 's maandags = **le lundi**

gisteren = **hier**

vandaag = **aujourd'hui**

morgen = **demain**

vorige dinsdag = **mardi dernier**

volgende donderdag = **jeudi prochain**

de vorige dag, de dag voor, de vooravond = **la veille**

de volgende dag, 's anderdaags = **le lendemain**

overmorgen = **après-demain**

eergisteren = **avant-hier**

TELLEN EEN TIJDSAANDUIDINGEN

Hoe laat is het? (*Quelle heure est-il ?*)

Il est ... = *Het is ...*
midi = *middag*
minuit = *middernacht*
deux heures = *twee uur*
trois heures et quart
= *kwart over drie*
quatre heures et demie
= *halfvijf*
cinq heures moins le quart
= *kwart voor vijf*

six heures dix
= *tien over zes*
sept heures moins vingt
= *twintig voor zeven*
à l'heure = *op tijd*
à temps = *op (binnen de) tijd*
un quart d'heure
= *een kwartier*
une demie-heure
= *een halfuur*

à sept heures du matin
= *om zeven uur 's morgens*
à deux heures de l'après-midi = *om twee uur in de namiddag / 's middags*
à sept heures du soir
= *om zeven uur 's avonds*

9 Schrijf het uur in letters naast de klok:

 a. Quelle heure est-il ?
Il est (13h15)
....

 d. Quelle heure est-il ?
Il est (20h40)
....

 b. Quelle heure est-il ?
Il est (16h30)
....

 e. Quelle heure est-il ?
Il est (10h25)
....

 c. Quelle heure est-il ?
Il est (4h45)
....

10 Raadpleeg Mr Dupouy's agenda om de zinnen aan te vullen met het juiste uur in letters:

Lundi 3 mai	Mardi 4 mai	Mercredi 5 mai
9h00 : Réunion au bureau	**9h30** : Rendez-vous Dr Garrant	**8h20** : Petit déjeuner d'affaires
	11h00 : Réunion à La Défense	
12h30 : Déjeuner avec M. Gosseaume	**12h20** : Déjeuner avec Bastian à Montmartre	**13h45** : Conférence à Dijon
14h10 : Présentation nouveau produit	**14h15** : Aéroport Retour Dijon	
18h25 : Aéroport départ pour Paris	**19h00** : Dîner avec Marie	**18h00** : Réunion parents d'élèves

TELLEN EN TIJDSAANDUIDINGEN

Lundi à _____ M. Dupouy doit se rendre à une réunion qui a lieu au bureau. À _____, il déjeune avec M. Gosseaume à la Brasserie Dijonnaise puis à _____, il participe à la présentation du nouveau produit de la compagnie. Le soir même, à _____, il prend l'avion pour Paris.

Le lendemain, M. Dupouy a un rendez-vous avec Dr Garrant à _____, suivi d'une réunion à La Défense à _____. Il doit déjeuner à Montmartre à _____ avec son ami Bastian puis se rend à l'aéroport pour son vol de _____. Il dîne avec sa femme, Marie à _____.

Le mercredi, M. Dupouy a un déjeuner avec un collaborateur à _____ puis doit se rendre à une conférence à _____ à Dijon. À _____, il doit aller à l'école de son fils pour rencontrer l'instituteur.

Los de vraagstukken op:

a. Lundi, Louis dépense la moitié de son argent ; mardi, il dépense le tiers de ce qu'il reste ; mercredi, il a 30 €. Combien avait Louis lundi ?

....

b. Dans sa tirelire, Élise a des pièces de 50 cents et de 20 cents. En tout, elle a 4 €. Combien a-t-elle de pièces de 50 cents sachant qu'il y a 16 pièces en tout ?

....

c. Un fermier a des poules et des lapins. En examinant tous les animaux, il voit 5 têtes et 16 pattes. Combien y a-t-il de lapins et de poules ?

....

d. Marc cuisine 8 tartelettes en 40 minutes. Combien de temps lui faut-il pour préparer 160 tartelettes ?

....

Gefeliciteerd! Je hebt net hoofdstuk 8 afgewerkt! Tijd om de icoontjes op te tellen en het resultaat over te brengen naar pagina 128 voor je eindevaluatie.

Infinitief en voltooid tegenwoordige tijd

Infinitief (*Infinitif*)

- De infinitief is de basisvorm van het werkwoord. In het Frans zijn er drie groepen infinitieven, nl.
  – eerste groep op **-er (aimer)**
  – tweede groep op **-ir (finir)**
  – derde groep op **-re (vendre)** en **-oir (voir)** en nog een aantal op **-ir** (o.a. **courir, devenir, dormir, venir**).
  Als je weet tot welke groep een werkwoord behoort, is het makkelijker om de vervoeging van de regelmatige werkwoorden te vinden.

- De ontkennende vorm van de infinitief verkrijg je door er **ne pas** voor te zetten: **ne pas manger**.

1 Geef de infinitiefvorm van de onderstreepte werkwoorden:

a. J'ai mangé trop de gâteaux !
→ ....

b. Ils ont bu toute la limonade !
→ ....

c. Où vas-tu ce matin ?
→ ....

d. Je dormirai dans le salon.
→ ....

e. Je voudrais bien gagner au loto !
→ ....

2 Eerste, tweede of derde groep? Vink de juiste kolom aan:

	1ᵉ groep	2ᵉ groep	3ᵉ groep
Chanter	☐	☐	☐
Punir	☐	☐	☐
Rendre	☐	☐	☐
Écouter	☐	☐	☐
Pleuvoir	☐	☐	☐
Grandir	☐	☐	☐
Devenir	☐	☐	☐
Danser	☐	☐	☐
Apprendre	☐	☐	☐

INFINITIEF EN VOLTOOID TEGENWOORDIGE TIJD

Voltooid deelwoord (*Participe passé*)

- Het voltooid deelwoord van een regelmatig werkwoord vorm je als volgt: vervang de infinitiefuitgang door de uitgang **-é, -i** of **-u**, afhankelijk van de groep waartoe het werkwoord behoort.

- Sommige werkwoorden, zoals **aller** of **faire**, zijn onregelmatig.

- Het voltooid deelwoord kan gebruikt worden als bijvoeglijk naamwoord: **j'ai** <u>acheté</u> **un livre** - **le livre** <u>acheté</u>.

Regelmatige vorming van voltooide deelwoorden:

Infinitief	Uitgang/Groep	Laat weg	Voeg toe	Voltooid deelwoord
1e groep aimer	-er	-er	-é	donné
2e groep finir	-ir	-ir	-i	fini
3e groep vendre	-re	-re	-u	vendu

3 Vervolledig de tabel:

	INFINITIEF	VOLTOOID DEELWOORD
Nous étudions le français.	étudier	étudié
a. Il déteste les chats !	....	....
b. Nous dînons généralement tôt.	....	....
c. Elle aime beaucoup le théâtre.	....	....
d. J'écoute mon CD préféré.	....	....
e. Sophie perd régulièrement ses clés !	....	....
f. Prends-tu le train tous les matins ?	....	....

INFINITIEF EN VOLTOOID TEGENWOORDIGE TIJD

4 Geef het voltooid deelwoord van deze onregelmatige werkwoorden:

a. Hier, nous avons .... (apprendre) une nouvelle leçon !

b. Il m'a .... (offrir) un magnifique bouquet de roses !

c. Elle a .... (vouloir) rentrer tôt à la maison.

d. Nous avons .... (pouvoir) rencontrer le chanteur du groupe.

e. Vous avez .... (faire) vos devoirs ?

Overeenkomst bij « être » en « avoir »

- Bij vervoeging met **avoir** moet het voltooid deelwoord overeenkomen met het lijdend voorwerp <u>als</u> dit voor het werkwoord staat: **J'ai envoyé la lettre hier. – Je l'ai envoyée hier.**; er is geen overeenkomst als het lijdend voorwerp na het werkwoord staat.

- Bij vervoeging met **être** richt het voltooid deelwoord zich in geslacht en getal naar het onderwerp: **Elle est allée au théâtre. – Elles sont allées au théâtre.**

5 Geef de juiste vorm van de voltooide deelwoorden bij vervoeging met AVOIR:

a. Elles ont .... (lire) tous les livres.

b. Elles les ont tous .... (lire).

c. Nous avons .... (copier) toutes les pages.

d. Nous les avons toutes .... (copier).

e. Elle n'a pas .... (pleurer) longtemps.

INFINITIEF EN VOLTOOID TEGENWOORDIGE TIJD

6 Geef de juiste vorm van de voltooide deelwoorden bij vervoeging met ÊTRE:

a. Elle est .... **(aller)** en ville avec Sonia.

b. Clarèle et moi sommes .... **(rentrer)** à midi.

c. Éléanore et Audrey sont .... **(partir)** après le film.

d. Alain n'est pas .... **(arriver)**.

e. Jean-Luc et Jérôme sont .... **(venir)** à 18 heures.

Overeenkomst bij wederkerende werkwoorden

- Het voltooid deelwoord van een wederkerend werkwoord volgt dezelfde regels als voor een voltooid deelwoord bij vervoeging met **avoir**.

- Is het wederkerend voornaamwoord een meewerkend voorwerp, dan is er geen overeenkomst:

Elle	s'	est	lavée.
onderwerp	wederk. vnw.	être	volt. deelw.
Elle	s'	est	lavé les mains.
onderwerp	wederk. vnw./ meew. voorwerp	être	lijdend voorwerp

7 Kies het juiste voltooid deelwoord uit:

a. Ils se sont encore .... !

b. Elles se sont .... leurs adresses.

c. Elle s'est .... le doigt.

d. Elles se sont .... devant la télé.

e. Ils se sont .... pendant de longues minutes.

coupé

regardés

disputés

échangé *endormies*

INFINITIEF EN VOLTOOID TEGENWOORDIGE TIJD

Voltooid tegenwoordige tijd (*Passé composé* = samengestelde verleden tijd)

- De **passé composé** wordt gebruikt voor het uitdrukken van volledig afgelopen handelingen of gebeurtenissen die een keer of meermaals plaatsvonden in het verleden, maar zonder regelmaat.

- Hij wordt ook gebruikt om het te hebben over het weer op een bepaald moment in het verleden (**Il a plu vendredi dernier.**).

- Vorming: o.t.t. van het hulpwerkwoord **avoir** of **être** + voltooid deelwoord van het hoofdwerkwoord.

Werkwoorden vervoegd met *être* in de *passé composé*:

- o.t.t. van het hulpwerkwoord **être** + voltooid deelwoord van het hoofdwerkwoord

- onthoud dat het voltooid deelwoord in de **passé composé** bij vervoeging met **être** overeenkomt met het onderwerp

- naast de wederkerende werkwoorden vormen slechts 14 werkwoorden hun **passé composé** met **être**, veelal werkwoorden van beweging die je per paar kan onthouden:

> **a**ller (allé) – **v**enir (venu), **a**rriver (arrivé) – **p**artir (parti),
> **e**ntrer (entré) – **s**ortir (sorti), **n**aître (né) – **m**ourir (mort),
> **m**onter (monté) – **d**escendre (descendu),
> **t**omber (tombé) – **r**etourner (retourné),
> **r**ester (resté) en **r**entrer (rentré)

8 Verbind elk onderwerp met zijn vervolg in de zin:

1. J'
2. Nous
3. Tu
4. Elles
5. Vous
6. Ils

a. avons vu ta sœur ce matin.
b. ont rangé leur chambre.
c. ai gagné la course !
d. êtes restés au parc toute la journée ?
e. es rentrée à quelle heure ?
f. sont allées au marché ce matin.

INFINITIEF EN VOLTOOID TEGENWOORDIGE TIJD

9 Onderstreep de juist vorm van het voltooid deelwoord:

a. Nous avons **regardé / regardés / regardées** la télévision toute la nuit !
b. Elles sont **entré / entrés / entrées** par la porte de secours.
c. J'ai **mis / mise / mises** la voiture dans le garage.
d. Tu as **vu / vus / vues** l'éclipse hier soir ?
e. Samuel et Laurence ont **écouté / écoutés / écoutées** la radio pendant deux heures !
f. Nous avons **pris / prise / prises** un taxi pour rentrer.

10 Vervoeg de infinitieven in de *passé composé* (met <u>elles</u>) en rangschik in de juiste chronologische volgorde:

a. rester deux heures au restaurant.

b. arriver à la gare à six heures.

c. rentrer à l'hôtel se coucher.

d. déposer leurs bagages dans la chambre.

e. téléphoner à l'hôtel pour réserver une chambre.

f. demander au concierge l'adresse d'un bon restaurant.

1. Elles sont arrivées à la gare à six heures.
2. ....
3. ....
4. ....
5. ....
6. ....

Gefeliciteerd! Je bent klaar met hoofdstuk 9! Tijd om de icoontjes op te tellen en het resultaat bij te schrijven op pagina 128 voor je eindevaluatie.

Onvoltooid tegenwoordige tijd en imperatief

Onvoltooid tegenwoordige tijd (*Présent*)

- De o.t.t. wordt gebruikt voor het uitdrukken van een handeling of toestand in het heden, voor gewoontehandelingen, een algemene waarheid en de nabije toekomst, of voor een handeling of toestand in het verleden, maar die nu nog steeds voortduurt.

- De meeste werkwoorden vormen de o.t.t. door aan hun stam (infinitief zonder uitgang) een regelmatige o.t.t.-uitgang toe te voegen.

- We weten al dat er drie werkwoordgroepen zijn: de 1ᵉ groep heeft een infinitief op **-er**, de 2ᵉ groep een op **-ir** en de 3ᵉ groep een op **-re, -oir** of **-ir** (met de meeste onregelmatige werkwoorden).

Regelmatige werkwoorden op -er	
J'	aim**e**
Tu	aim**es**
Il/Elle	aim**e**
Nous	aim**ons**
Vous	aim**ez**
Ils/Elles	aim**ent**

1 Onderstreep het juiste persoonlijk voornaamwoord als onderwerp:

a. Je / Tu / Nous marches vite.

b. Tu / Nous / Elles chantent sous la pluie.

c. Je / Il / Vous porte des chaussures.

d. Elle / Nous / Ils aidons les sans-abris.

e. Tu / Nous / Vous dansez très bien !

f. Je / Tu / Elle pense trop !

2 Onderstreep de juiste vorm van het werkwoord:

a. Les touristes **visites / visitent** le musée.

b. Tu **portes / portons** une jolie jupe.

c. Nous **aimons / aiment** la musique classique.

d. À quelle heure **arrive / arrivez** -vous ?

e. Il **chante / chantes** très bien.

3 Vervoeg de werkwoorden in de o.t.t.:

a. Je .... **(travailler)** dans l'informatique.

b. Tu .... **(visiter)** ce musée souvent ?

c. Il .... **(débuter)** le travail à 10 heures.

d. Nous .... **(dessiner)** ce château régulièrement.

e. Vous ne .... **(monter)** pas les escaliers ?

f. Elles .... **(parler)** trop vite !

ONVOLTOOID TEGENWOORDIGE TIJD EN IMPERATIEF

Onregelmatige werkwoorden op -er

De onregelmatigheid kan in de werkwoordstam zitten of het vervoegde werkwoord kan een heel andere vorm hebben.

- **Spellingwijzigingen**
  - werkwoorden op **-cer** voegen een cedille toe bij **nous**: **Nous remplaçons les ampoules**
  - werkwoorden op **-ger** voegen een **-e** toe bij **nous**: **Nous rangeons notre chambre**.

- **De 1-2-3-6 werkwoorden**
De spelling van de stam verandert alleen bij die personen (**je-tu-il/elle-ils/elles**):
  - werkwoorden zoals **acheter**: e → è = **j'achète**
  - zoals **appeler**: l → ll = **elle appelle**
  - zoals **espérer**: é → è = **elles espèrent**
  - zoals **nettoyer**: y → i = **tu nettoies**

- **Aller** (*gaan*) is het enige echte onregelmatig werkwoord op **–er** in het Frans.

4 Onderstreep de juiste werkwoordsvorm:

a. Nous **achètons / achetons** des pizzas tous les samedis.

b. Qui **appellent / appelent** -ils ?

c. Il **jette / jète** ses vieilles chaussures.

d. Vous **espérez / espèrez** encore voir Brad Pitt !

e. Nous **envoieons / envoyons** la lettre.

5 Vervoeg deze onregelmatige werkwoorden volgens bovenstaande regels:

a. Nous .... (commencer) la réunion à 10 heures.

b. Je .... (préférer) le pain complet.

c. Nous .... (manger) au restaurant ce midi.

d. Tu te .... (rappeler) le dernier livre que tu as lu ?

e. Elle lui .... (envoyer) une lettre chaque semaine.

Regelmatige werkwoorden op -IR

Je	fin**is**
Tu	fin**is**
Il/Elle	fin**it**
Nous	fin**issons**
Vous	fin**issez**
Ils/Elles	fin**issent**

ONVOLTOOID TEGENWOORDIGE TIJD EN IMPERATIEF

6 Vervoeg in de o.t.t.:

a. Tu .... **(choisir)** d'étudier l'anglais ?
b. Nous .... **(réussir)** toujours les examens d'histoire.
c. Elle .... **(maigrir)** à vue d'œil !
d. Jacques .... **(punir)** souvent son fils.
e. Vous ne .... **(réfléchir)** pas assez !

7 Onderstreep de juiste werkwoordsvorm:

a. Je **choisi / choisis** toujours la mauvaise caisse au supermarché !

b. Nous **finons / finissons** souvent avant le reste de la classe.

c. Vous **bâtez / bâtissez** une nouvelle maison ?

d. Ils **réussent / réussissent** toujours à éviter de faire la vaisselle !

e. Tu **remplis / remplit** trop mon verre !

Regelmatige werkwoorden op -RE

Je	vend**s**
Tu	vend**s**
Il/Elle	vend
Nous	vend**ons**
Vous	vend**ez**
Ils/Elles	vend**ent**

8 Vervoeg deze regelmatige werkwoorden op -RE:

a. Tu .... **(descendre)** au prochain arrêt ?

b. Vous .... **(perdre)** toujours de l'argent au casino !

c. Sophie et Marc .... **(vendre)** de très jolies fleurs dans leur magasin.

d. Nous .... **(défendre)** souvent notre sœur.

e. Ils n' .... **(entendre)** pas la cloche de l'église !

ONVOLTOOID TEGENWOORDIGE TIJD EN IMPERATIEF

Onregelmatige werkwoorden op -re, -ir en -oir

- Er zijn vijf modellen van onregelmatige werkwoorden op **-re**:

Prendre *(nemen)*: je prends, tu prends, il/elle prend, nous prenons, vous prenez, ils/elles prennent (laat de **d** weg in alle mv.-vormen en verdubbel de **n** in de 3ᵉ p. mv.).

Battre *((ver)slaan)*: je bats, tu bats, il/elle bat, nous battons, vous battez, ils/elles battent (laat een **t** weg in de ev.-vormen).

Mettre *(leggen, zetten,...)*: je mets, tu mets, il/elle met, nous mettons, vous mettez, ils/elles mettent (zoals *battre*, maar stamwijziging in het voltooid deelwoord, de passé simple en subjonctif imparfait).

Rompre *((ver)breken)*: je romps, tu romps, il/elle rompt, nous rompons, vous rompez, ils/elles rompent (3ᵉ p. ev. met **-t**).

Werkwoorden op **-aindre** (**craindre**) en **-eindre** (**peindre**): je crains, tu crains, il/elle craint, nous craignons, vous craignez, ils/elles craignent (laat de **d** weg in alle vormen en las een **g** in voor de **n** in de mv.-vormen).

- Alle andere onregelmatige werkwoorden op **-re** moeten apart onthouden worden.

Een paar veel gebruikte onregelmatige werkwoorden:

Boire *(drinken)*: je bois, tu bois, il/elle boit, nous buvons, vous buvez, ils/elles boivent.

Connaître *(kennen)*: je connais, tu connais, il/elle connaît, nous connaissons, vous connaissez, ils/elles connaissent.

Courir *(lopen, rennen)*: je cours, tu cours, il/elle court, nous courons, vous courez, ils/elles courent.

Croire *(geloven)*: je crois, tu crois, il/elle croit, nous croyons, vous croyez, ils/elles croient.

Devoir *(moeten)*: je dois, tu dois, il/elle doit, nous devons, vous devez, ils/elles doivent.

Dire *(zeggen)*: je dis, tu dis, il/elle dit, nous disons, vous dites, ils/elles disent.

Faire *(doen, maken)*: je fais, tu fais, il/elle fait, nous faisons, vous faites, ils/elles font.

Falloir *(moeten, nodig zijn)*: il faut.

Lire *(lezen)*: je lis, tu lis, il/elle lit, nous lisons, vous lisez, ils/elles lisent.

Pouvoir *(mogen, kunnen)*: je peux, tu peux, il/elle peut, nous pouvons, vous pouvez, ils/elles peuvent.

Savoir *(weten, kunnen)*: je sais, tu sais, il/elle sait, nous savons, vous savez, ils/elles savent.

Tenir *(houden)*: je tiens, tu tiens, il/elle tient, nous tenons, vous tenez, ils/elles tiennent.

Venir *(komen)*: je viens, tu viens, il/elle vient, nous venons, vous venez, ils/elles viennent.

Voir *(zien)*: je vois, tu vois, il/elle voit, nous voyons, vous voyez, ils/elles voient.

Vouloir *(willen)*: je veux, tu veux, il/elle veut, nous voulons, vous voulez, ils/elles veulent.

ONVOLTOOID TEGENWOORDIGE TIJD EN IMPERATIEF

9 **Kies een werkwoordsvorm uit de koffers:**

a. Où .... -tu les sacs de voyage ?
b. .... -vous à quelle heure part le train ?
c. Nous .... voyager en avion cette fois-ci.
d. .... -tu porter cette valise, s'il te plaît ?
e. Nous .... aller au terminal 1 ou au terminal 2 ?
f. Je ne .... pas notre porte de départ !

Wederkerende werkwoorden (*Verbes pronominaux*)

- Gebruik een wederkerend voornaamwoord in overeenkomst met het onderwerp!
- Voor een klinker of een stomme **h** verandert **me**, **te** en **se** in **m'**, **t'** en **s'**!

10 **Onderstreep het juiste wederkerend voornaamwoord:**

a. Je **me / te / se** douche tous les matins.
b. Elle **me / te / se** brosse les dents deux fois par jour.
c. Nous **nous / vous / se** lavons les mains constamment !
d. Vous **nous / vous / se** rongez encore les ongles !
e. Ils **nous / vous / s'** habillent à 7h15 tous les jours.

Imperatief (*Impératif*)

- Met de imperatief (gebiedende wijs) wordt een bevel of een verzoek uitgedrukt. Hij wordt gevormd met de o.t.t. zonder persoonlijk voornaamwoord.
- De imperatief bestaat alleen in de **tu**-, **nous**- en **vous**-vorm:

tu-*vorm*	**Prends le parapluie !**	*Neem de paraplu!*
nous-*vorm*	**Prenons le parapluie !**	*Laten we de paraplu nemen!*
vous-*vorm*	**Prenez le parapluie !**	*Neemt u / Nemen jullie de paraplu!*

- **Let op**: in de **tu**-vorm van een **-er**-werkwoord valt de eind-**s** weg: **Chante/Ne chante pas!**

- Er zijn ook een paar uitzonderingen, waar de subjonctif présent wordt gebruikt.

Avoir	Être	Vouloir
aie	sois	*(geen vorm)*
ayons	soyons	*(geen vorm)*
ayez	soyez	veuillez

ONVOLTOOID TEGENWOORDIGE TIJD EN IMPERATIEF

11 Zet de werkwoorden tussen haakjes in de imperatief:
Vb.: (écrire/tu) dans le cahier. → Écris dans le cahier !

a. .... (écouter/tu) le professeur !
b. Ne .... (regarder/vous) pas par la fenêtre,
   mais .... (lire/vous) votre livre !
c. .... (arrêter/tu) de parler avec ton voisin !
d. .... (rendre/nous) nos copies. Le test est terminé.
e. .... (prendre/vous) vos livres
   et .... (ouvrir)-les à la page 47.

De imperatief met een voornaamwoord

Bij een bevel in de bevestigende vorm staat het voornaamwoord-lijdend voorwerp acher het werkwoord, ermee verbonden door een streepje: **Range-les ! Vendez-la !**

12 Zet het werkwoord in de imperatief en voeg het juiste voornaamwoord toe:
Vb.: Tu vois le titre? (souligner) → Souligne-le.

a. Tu vois le poème ? .... (apprendre).
b. Vous voyez les livres ? .... (ranger).
c. Tu vois la raquette de tennis ? .... (prendre).
d. Nous voyons les ordinateurs. .... (éteindre).
e. Vous voyez le poster ? .... (accrocher).

Gefeliciteerd! Ook hoofdstuk 10 zit erop! Tijd om de icoontjes op tellen en het resultaat over te brengen naar pagina 128 voor je eindevaluatie.

11
Toekomende tijd

Toekomende tijd (*Futur*)

- Met de toekomende tijd wordt een handeling of toestand die in de toekomst zal plaatsvinden uitgedrukt.

- Goed nieuws! Alle werkwoorden, regelmatige en onregelmatige, krijgen dezelfde uitgangen in de toekomende tijd. Die op **-er** en **-ir** plakken deze uitgangen achter hun infinitief, die op **-re** laten eerst de eind-**e** weg en voegen dan de uitgangen toe.

	Aimer	Finir	Vendre
Je/J'	aimer**ai**	finir**ai**	vendr**ai**
Tu	aimer**as**	finir**as**	vendr**as**
Il/Elle	aimer**a**	finir**a**	vendr**a**
Nous	aimer**ons**	finir**ons**	vendr**ons**
Vous	aimer**ez**	finir**ez**	vendr**ez**
Ils/Elles	aimer**ont**	finir**ont**	vendr**ont**

1 Vul de zinnen aan met de passende werkwoordsvorm uit de strandtas:

a. Demain, quand le réveil sonnera,
   je ……………… mon maillot de bain.

b. Nous ……………… au restaurant pour prendre notre petit déjeuner.

c. Comme tous les matins, le serveur nous ……………… notre cappuccino.

d. Tu ……………… une salade de fruits frais.

e. Nous nous ……………… dans l'océan turquoise.

baignerons · servira · descendrons · mettrai · mangeras

TOEKOMENDE TIJD

2 Vervoeg in de toekomende tijd:

a. Nous .... **(danser)** toute la nuit !

b. Vous ..... **(choisir)** quoi comme vin, messieurs-dames ?

c. .... **(prendre)**-tu de l'eau ?

d. Elles .... **(chanter)** longtemps à la soirée karaoké.

e. Il .... **(rentrer)** tard, c'est sûr !

Onregelmatige werkwoorden in de toekomende tijd

Bij sommige werkwoorden wijkt de stam (erg) af van de "infinitiefvorm zonder uitgang", o.a.:

Aller *(gaan)*: j'irai, tu iras, il/elle ira, nous irons, vous irez, ils/elles iront.

Avoir *(hebben)*: j'aurai, tu auras, il/elle aura, nous aurons, vous aurez, ils/elles auront.

Courir *(lopen, rennen)*: je courrai, tu courras, il/elle courra, nous courrons, vous courrez, ils/elles courront.

Devoir *(moeten)*: je devrai, tu devras, il/elle devra, nous devrons, vous devrez, ils/elles devront.

Envoyer *((ver)zenden)*: j'enverrai, tu enverras, il/elle enverra, nous enverrons, vous enverrez, ils/elles enverront.

Être *(zijn)*: je serai, tu seras, il/elle sera, nous serons, vous serez, ils/elles seront.

Faire *(doen, maken)*: je ferai, tu feras, il/elle fera, nous ferons, vous ferez, ils/elles feront.

Mourir *(sterven)*: je mourrai, tu mourras, il/elle mourra, nous mourrons, vous mourrez, ils/elles mourront.

Pouvoir *(mogen, kunnen)*: je pourrai, tu pourras, il/elle pourra, nous pourrons, vous pourrez, ils/elles pourront.

Savoir *(weten, kunnen)*: je saurai, tu sauras, il/elle saura, nous saurons, vous saurez, ils/elles sauront.

Tenir *(houden)*: je tiendrai, tu tiendras, il/elle tiendra, nous tiendrons, vous tiendrez, ils/elles tiendront.

Venir *(komen)*: je viendrai, tu viendras, il/elle viendra, nous viendrons, vous viendrez, ils/elles viendront.

Voir *(zien)*: je verrai, tu verras, il/elle verra, nous verrons, vous verrez, ils/elles verront.

Vouloir *(willen)*: je voudrai, tu voudras, il/elle voudra, nous voudrons, vous voudrez, ils/elles voudront.

TOEKOMENDE TIJD

3 **Vink de juiste werkwoordsvorm in de toekomende tijd aan:**

1. Ta lettre est géniale. L'...................-tu à Stéphanie ?
   a. ☐ envoya   b. ☐ enverra   c. ☐ enverras

2. On s'est bien amusées aujourd'hui ! Que ....-nous demain ?
   a. ☐ faisions   b. ☐ ferons   c. ☐ ferrons

3. Cet hôtel est fantastique ! ....-vous à nouveau l'année prochaine ?
   a. ☐ Viendrez   b. ☐ Viendriez   c. ☐ Veniez

4. Le trajet est facile. ....-vous retrouver la route ?
   a. ☐ saurai   b. ☐ saurez   c. ☐ sauriez

5. Quelle journée bien remplie ! Où ....-nous après le restaurant ?
   a. ☐ allions   b. ☐ allons   c. ☐ irons

4 **Vervoeg de werkwoorden in de toekomende tijd:**

a. Demain à la même heure, je .... **(être)** à la plage !

b. Sandrine, ... **(avoir)**-tu ton téléphone portable avec toi au restaurant ?

c. Vous .... **(voir)** ! La piscine de l'hôtel est formidable !

d. .... **(pouvoir)**-nous faire garder notre petite fille ?

e. Nos filles .... **(aller)** en excursion la semaine prochaine !

TOEKOMENDE TIJD

5 Onderstreep in de tekst de 10 werkwoorden die in de toekomende tijd staan:

« Marie est très heureuse. Demain, Charles arrivera par le train, un bouquet à la main, prêt à l'épouser. Ils se regarderont et à cet instant précis, se reconnaîtront, pour la vie. Pour le meilleur, et pour le pire. Ils voyageront autour du monde, visiteront tous ces pays dont ils ont parlé sans se lasser. Ils pourront parler sans interruption. Qui sait ? Ils se marieront ; auront des enfants, peut-être. Et vivront dans la paix, sans cette guerre qui a ravagé leur pays. Enfin. Le bonheur. Qui pourrait les en empêcher ? Ils seront ensemble, unis, contre tous. »

De nabije toekomst

- Iets in de nabije toekomst kan, net zoals in het Nederlands, uitgedrukt worden met de **o.t.t.**: **Demain, je mange au restaurant.** (Morgen eet ik in het restaurant.)

- Ook de constructie met de **o.t.t. van** *aller* (*gaan*) **+ infinitief** kan gebruikt worden voor iets dat staat te gebeuren: **Je vais régler mes vacances demain.** (*Ik ga morgen mijn vakantie regelen.*); **Il va observer les étoiles ce soir.** (*Hij gaat vanavond sterrenkijken.*)

6 Ken je de vervoeging van ALLER in de o.t.t. nog? Vul dan snel de tabel in!

a. Je ………………………………………
b. Tu ………………………………………
c. Il/Elle ………………………………………
d. Nous ………………………………………
e. Vous ………………………………………
f. Ils/Elles ………………………………………

TOEKOMENDE TIJD

7 Onderstreep de correcte o.t.t.-vorm van ALLER in deze zinnen m.b.t. de nabije toekomst:

a. Nous **allions / allons / irons** voir le nouveau film de Jean Dujardin demain !

b. **Allez / Alliez / Irez**-vous assister au spectacle ?

c. Je ne **allez / irai / vais** pas manger chez Chloé demain midi.

d. Il **va / allait / irait** encore manger du chocolat en cachette !

e. Quand **vas / iras / allé** -tu aller poster les cartes de Noël ?

8 Gebruik de constructie met ALLER in de o.t.t. + infinitief:

a. Dépêchez-vous ! Le spectacle .... (**aller + commencer**) !

b. Ta voiture est en panne ? Pas de problème ! Je .... te .... (**aller + conduire**) au garage.

c. Le ciel se couvre : je pense qu'il .... (**aller + pleuvoir**).

d. Les Lagrange .... (**aller + visiter**) le Vietnam au mois d'août.

e. .... -vous .... (**aller + partir**) en vacances cette année ?

Aller (o.t.t.) + infinitief in de ontkennende vorm

- **Ne** staat voor **aller** en **pas** erachter: **Elle ne va pas aller au cinéma ce soir**.
- Dit geldt ook bij wederkerende werkwoorden: **Il ne va pas se lever à huit heures demain matin**.

TOEKOMENDE TIJD

9 Zet de zinnen in de ontkennende vorm:

a. Je vais suivre des cours à l'université.
→ ....

b. Julie va passer son permis de conduire la semaine prochaine.
→ ....

c. Elles vont se promener en ville cet après-midi.
→ ....

d. Allez-vous rentrer à dix heures ce soir ?
→ .... ?

e. Tu vas rester à la maison demain ?
→ .... ?

Toekomende tijd na bepaalde voegwoorden

Waar in het Nederlands de o.t.t. gebruikt wordt, is in het Frans de toekomende tijd van toepassing na **aussitôt que, dès que** (*zodra*), **quand, lorsque** (*wanneer, als*), **tant que** (*zolang*), **pendant que, tandis que** (*terwijl*): **Je dormirai lorsqu'il arrivera.**

10 Zet de werkwoorden in de toekomende tijd:

a. Je .... **(partir)** quand Alexandre .... **(arriver).**

b. Dorian .... **(aller + aller)** chez son frère demain après-midi.

c. Élise .... **(être)** déçue lorsqu'elle .... **(apprendre)** que Corentin ne vient pas.

d. Nous .... **(venir)** tous en vacances avec vous l'année prochaine ! Plus on est de fous, plus on rit !

e. Que .... **(faire)**-tu demain à cette heure-ci ?

Gefeliciteerd! Je bent klaar met hoofdstuk 11! Tijd om de icoontjes op te tellen en het resultaat over te brengen naar pagina 128 voor je eindevaluatie.

Onvoltooid verleden tijd en voorwaardelijke wijs

Onvoltooid verleden tijd (*Imparfait*)

- De **imparfait** wordt gebruikt bij herinneringen en gewoonten in het verleden: **Quand j'étais petite, j'allais chez mon grand-père tous les mercredis.** (*Toen ik klein was, ging ik elke woensdag naar mijn grootvader.*)

- De **imparfait** wordt ook gebruikt om een toestand in het verleden te beschrijven: **Il y avait beaucoup de monde au marché.** (*Er was veel volk op de markt.*)

- Dus ook voor een fysieke of emotionele toestand als tijd, weer, leeftijd of gevoelens: **Il faisait beau lorsque nous étions en vacances.** (*Het was mooi weer toen we op vakantie waren.*)

- Vorming: neem de **nous**-vorm in de o.t.t., laat **-ons** weg en voeg de volgende uitgangen toe: **-ais, -ais, -ait, -ions, -iez, -aient**.

- **Opmerking:** dit geldt voor regelmatige én onregelmatige werkwoorden.

	Présent	Imparfait
Je	finis	finissais
Tu	finis	finissais
Il/Elle	finit	finissait
Nous	finissons	finissions
Vous	finissez	finissiez
Ils/Elles	finissent	finissaient

	Présent	Imparfait
Je	fais	faisais
Tu	fais	faisais
Il/Elle	fait	faisait
Nous	faisons	faisions
Vous	faites	faisiez
Ils/Elles	font	faisaient

1 Zet de infinitief eerst in de o.t.t. van NOUS, dan in de gevraagde o.v.t.:
Vb.: Venir = Nous venons → Nous venions.

a. **Partir** = Nous .... → Je ....

b. **Aimer** = Nous .... → Ils ....

c. **Croire** = Nous .... → Tu ....

d. **Prendre** = Nous .... → Vous ....

e. **Faire** = Nous .... → Elle ....

ONVOLTOOID VERLEDEN TIJD EN VOORWAARDELIJKE WIJS

2 Vul de zinnen aan met een van de werkwoorden hieronder (let op, er staat een te veel!):

a. Il .... nuit lorsque l'avion a atterri.
b. Nous .... à la plage tous les matins ! Quelles vacances !
c. .... -vous nous voir avant de partir ?
d. Je .... très fatigué.
e. Vous .... tous ensemble ? Vous .... être à l'étroit !

allions   **habitiez**   **me sentais**
deviez   **vouliez**
cuisinait   **faisait**

3 Vervoeg in de o.v.t.:

a. Je .... (savoir) que vous .... (être) en France !
b. Il .... (penser) que tu .... (avoir) deux chats !
c. Nous .... (avoir) les cheveux blonds quand nous .... (être) petits.
d. .... (manger)-tu des pâtes à 3 heures ce matin ?
e. Avant, Caroline .... (appeler) sa sœur tous les soirs.

Passé composé of imparfait?

- De **passé composé** (v.t.t.) is van toepassing voor afgesloten handelingen of gebeurtenissen in het verleden die een keer of een paar keer plaatsvonden.

- De **imparfait** (o.v.t.) wordt gebruikt voor handelingen of gebeurtenissen die op regelmatige basis plaatsvonden in het verleden, voor doorlopende handelingen en voor beschrijvingen: **J'ai vu ce film l'année dernière.** (passé composé)/**Lorsque j'étais jeune, j'allais au cinéma tous les samedis.** (imparfait).

- Deze twee tijden worden vaak samen gebruikt. De **imparfait** beschrijft de actie (onvoltooid) die onderbroken wordt (voltooid): **Je dormais** (doorlopende actie) **quand tu as téléphoné.** (eenmalige actie).

ONVOLTOOID VERLEDEN TIJD EN VOORWAARDELIJKE WIJS

4 *Passé composé* of *imparfait*? Vink de juiste kolom aan:

	Passé Composé	Imparfait
a. Je suis allée au théâtre.	☐	☐
b. Il préparait un gâteau au chocolat.	☐	☐
c. Nous mangions au restaurant.	☐	☐
d. Stéphane a vu un renard dans le pré.	☐	☐
e. Marie-Luce dormait à poings fermés.	☐	☐
f. Gwendolyne s'est promenée au parc.	☐	☐
g. Vous avez regardé le film hier soir ?	☐	☐
h. Je lisais mon livre tranquillement.	☐	☐

5 *Passé composé* of *imparfait*? Vervoeg in de passende tijd:

a. Je .... **(faire)** la sieste lorsque la voisine .... **(sonner)** à la porte.

b. Lorsqu'il .... **(rentrer)**, Audrey .... **(regarder)** la télévision.

c. Il .... **(se rendre)** à la banque quand il l'a .... **(rencontrer)**.

d. Elles .... **(être)** en vacances et elles .... **(acheter)** de très jolis vêtements.

e. Le chat .... **(s'apprêter)** à bondir lorsque l'oiseau .... **(s'envoler)**.

ONVOLTOOID VERLEDEN TIJD EN VOORWAARDELIJKE WIJS

6 Combineer twee zinsdelen tot een logisch geheel:

1. Je visitais l'Italie • • a. quand il est tombé.

2. Je garais la voiture • • b. lorsque tu t'es évanouie ?

3. Elle plantait de la menthe • • c. quand la Peugeot m'est rentrée dedans !

4. Passais-tu ton examen • • d. lorsque vous vous êtes rencontrés ?

5. Il redescendait la montagne • • e. lorsque j'ai rencontré Lorenzo.

6. Vous faisiez du ski • • f. quand elle s'est fait piquer par une araignée.

Voorwaardelijke wijs in de tegenwoordige tijd (*Conditionnel présent*)

- De voorwaardelijke wijs (conditionalis) wordt zowel in het Frans als in het Nederlands gebruikt om uit te drukken wat er zou gebeuren of wat iemand zou doen in bepaalde omstandigheden, onder bepaalde voorwaarden. Hij dient ook om een voorkeur of een wens uit te drukken of om advies te geven.

Opmerking: hoofdzin in de **conditionnel présent** → bijzin met **si** (**s'** voor een klinker of een stomme **h**) in de **imparfait**, bv. **S'il gagnait, il se qualifierait.** (*Als hij won, zou hij zich kwalificeren.*)

Regelmatige voorwaardelijke wijs in de tegenwoordige tijd
Deze wordt gevormd door de volgende uitgangen (dezelfde als voor de **imparfait**) toe te voegen aan de infinitief (bij werkwoorden op **-RE** valt de eind-**e** in **-RE** weg!):

Je	regarderais	Je	choisirais	Je	vendrais
Tu	regarderais	Tu	choisirais	Tu	vendrais
Il/Elle	regarderait	Il/Elle	choisirait	Il/Elle	vendrait
Nous	regarderions	Nous	choisirions	Nous	vendrions
Vous	regarderiez	Vous	choisiriez	Vous	vendriez
Ils/Elles	regarderaient	Ils/Elles	choisiraient	Ils/Elles	vendraient

ONVOLTOOID VERLEDEN TIJD EN VOORWAARDELIJKE WIJS

7 Zet in de voorwaardelijke wijs:

a. Je .... (partir) en vacances demain si je le pouvais !

b. Julian .... (finir) sa toile s'il avait le temps !

c. Avec des « si », on .... (mettre) Paris en bouteille !

d. Martine .... (préférer) prendre le train.

e. Hélène et Simon .... (vendre) leur maison très vite s'ils le voulaient !

8 Voorwaardelijke wijs of o.v.t.? Vervoeg op de juiste manier:

Vb.: Si je gagnais (imparfait) au loto, j'achèterais (conditionnel) une nouvelle voiture.

a. Si tu .... (parler) moins, tu .... (finir) plus vite !

b. Vous .... (s'amuser) vraiment si vous .... (venir) en vacances avec nous !

c. Si Luc le lui .... (demander), Aline .... (aimer) beaucoup l'épouser !

d. Nathan .... (être) heureux si Julie lui ....(écrire) une lettre !

Onregelmatige werkwoorden in de voorwaardelijke wijs

Avoir en être
en hun onregelmatige vormen:

ÊTRE	
Je	serais
Tu	serais
Il/Elle	serait
Nous	serions
Vous	seriez
Ils/Elles	seraient

AVOIR	
J'	aurais
Tu	aurais
Il/Elle	aurait
Nous	aurions
Vous	auriez
Ils/Elles	auraient

Andere onregelmatige werkwoorden

waar je aan de "stam van de toekomende tijd" de volgende voorwaardelijke wijs-uitgangen moet toevoegen:
Aller → j'ir**ais**
Devoir → je devr**ais**
Faire → je fer**ais**
Pouvoir → je pourr**ais**
Savoir → je saur**ais**
Venir → je viendr**ais**
Voir → je verr**ais**
Vouloir → je voudr**ais**

ONVOLTOOID VERLEDEN TIJD EN VOORWAARDELIJKE WIJS

9 Vul de zinnen aan met een van de werkwoorden in de voorwaardelijke wijs hiernaast:

a. Je .... mieux si tu allumais la lumière !

b. Lucas .... arrêter de courir : il semble essoufflé.

c. Il .... un miracle pour que Béatrice fasse ses devoirs !

d. Il .... la course s'il avait plus confiance en lui.

e. Il fait si chaud, Louise .... tout ce qu'elle a pour une glace !

f. Nous .... déjà arrivés s'il n'y avait pas tant de circulation.

faudrait
gagnerait
verrais
serions
devrait
donnerait

10 *Imparfait, passé composé ou conditionnel ?*
Vervoeg de werkwoorden in de juiste tijd/wijs:

a. Je .... (préparer) le dîner lorsque Samuel .... (arriver).

b. Si tu .... (faire) un effort, tu y .... (arriver) !

c. Vous .... (voir) la chenille si vous .... (regarder) de plus près.

d. Nous ne .... (pouvoir) pas comprendre, même si nous .... (essayer).

e. J' .... (écouter) la radio lorsque la nouvelle .... (tomber).

Gefeliciteerd! Je bent klaar met hoofdstuk 12! Tijd om de icoontjes op te tellen en het resultaat over te brengen naar pagina 128 voor je eindevaluatie.

13 Voorzetsels

Wat is een voorzetsel?

- Een voorzetsel (**une préposition**) zet je voor een ander woord, doorgaans een (voor)naamwoord, maar het kan ook betrekking hebben op een werkwoord: **Il se cache <u>derrière</u> l'arbre**.

- Het kan uit één of meer woorden bestaan (**à, dans, sur** - **à côté de, en dessous de**).

- **Opmerking:** sommige voorzetsels kunnen ook een bijwoord zijn: **Il l'a rangé <u>dessous</u>**.

❶ Onderstreep de voorzetsels in onderstaande zinnen:

a. Anne et Marie se sont cachées sous la table !

b. Vas-tu chez tes parents à Pâques ?

c. Edwige part à Tours avec ses enfants cet après-midi.

d. Guy est allé dans la forêt cueillir des champignons.

e. Elles sont parties pendant une heure.

Voorzetsels bij plaatsnamen (steden, landen, werelddelen,...)

Net als alle Franse zelfstandige naamwoorden hebben steden, landen enz. een geslacht. Meestal zijn geografische eigennamen die op **-e** eindigen vrouwelijk, de andere mannelijk. Er zijn, zoals altijd, uitzonderingen!

steden en landen zonder lidwoord	à	Paris Barcelone Londres
mannelijke landen die met een medeklinker beginnen	au	Japon Portugal
werelddelen, mannelijke landen die met een klinker beginnen en vrouwelijke landen	en	Europe Asie Suède Afrique
landen in het meervoud	aux	États-Unis

2 Vul aan met À, AU, EN of AUX:

a. Nous allons .... Brésil le mois prochain !

b. Julien voudrait se rendre .... Inde pour les vacances.

c. Nadia vit .... Émirats Arabes Unis.

d. Pablo est-il né .... Espagne ou .... Portugal ?

e. J'adorerais passer Noël .... Fidji !

f. Kate retourne bientôt .... Angleterre.

g. Tu vas .... Lille après-demain ?

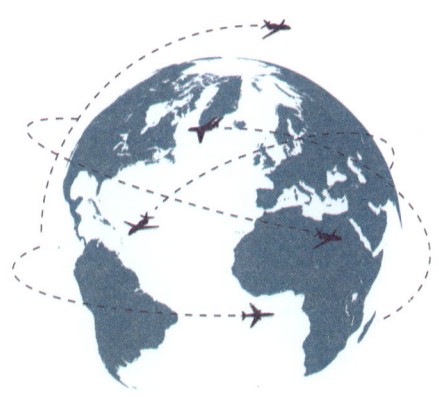

3 Vorm volzinnen zoals in het voorbeeld:
Vb: Emilia / Varsovie / Pologne : Emilia vit à Varsovie, en Pologne.

a. Aden / Marrakech / Maroc ....

b. Acha / Yaoundé / Cameroun ....

c. Éléanore / Besançon / France ....

d. Aiko / Tokyo / Japon ....

e. Eeva / Helsinki / Finlande ....

VOORZETSELS

Voorzetsels en bijwoorden van plaats (*Prépositions et adverbes de lieu*)

- Een voorzetsel van plaats wordt gebruikt om te beschrijven waar iets/iemand is.
- Met een bijwoord (een woord of woordgroep) wordt een bijvoeglijk naamwoord, een werkwoord of een ander bijwoord (van plaats, tijd,...) nader bepaald: **Elle court vite**.

VOORZETSELS	BIJWOORDEN	Nederlands
dans, en	dedans	*in, binnen, erin,...*
sur, au-dessus de	dessus, au-dessus	*op, boven, bovenop, erop/-boven,...*
sous, en dessous de	dessous, en dessous	*onder(aan, -in), eronder,...*
à côté de	à côté	*naast, ernaast,...*
devant	devant	*voor(aan, -in, -op), ervoor,...*
derrière	derrière, à l'arrière	*acher(aan, -in, -op), erachter,...*
entre	-	*tussen(in),...*
parmi	-	*tussen, onder, bij,...*
contre	contre	*tegen, ertegen,...*
près de	(tout) près	*dichtbij, nabij, vlakbij,...*
loin de	loin	*ver(af),...*
en face de	en face	*tegenover,...*
au milieu de	au milieu	*in het midden (van)*
à droite de	à droite	*rechts (van), rechtsaf*
à gauche de	à gauche	*links (van), linksaf*
en bas de	en bas	*onder(aan, -in), eronder,...*
en haut de	en haut	*boven(aan, -in), erboven,...*
vers	-	*naar, in de richting van,...*

 Onderstreep het voorzetsel dat logisch past in de zin:

a. La balle est tombée **en bas des / au milieu des / en haut des** escaliers.

b. Le poulet est **sous / dans / sur** le frigo.

c. Oh non ! Le chat de la voisine est coincé **en bas de / au milieu de / en haut de** l'arbre ! Il ne pourra jamais redescendre tout seul !

d. Ton cochon d'Inde se cache encore **sous / sur / à côté du** le canapé : il va être difficile de l'attraper !

e. Pourquoi as-tu garé la voiture **devant / dessus / dessous** le garage et non pas dedans ?

VOORZETSELS

5 **Vul de zinnen aan met een voorzetsel dat past bij de context:**

a. Le restaurant est-il .... la maison ? Je n'ai pas envie de marcher trop longtemps !

b. La boulangerie se trouve .... la boucherie et le café.

c. Les toilettes sont tout de suite .... escaliers ; vous montez et c'est à votre droite.

d. Je crois que le gâteau est .... la table de la cuisine.

e. Ne te retourne pas ! Il y a une énorme araignée .... toi !

6 **Voorzetsel of bijwoord van plaats? Onderstreep het juiste:**

a. As-tu mis ma chemise **dans / dedans** le sac de voyage ?
– Oui, elle est **dans / dedans** !

b. Regarde ! Hélène est assise **à côté de / à côté** Sébastien !

c. Où est garée la moto ?
– Elle est garée là, **à gauche de / à gauche**.

d. Les clés sont **en dessous de / en dessous** la valise.

e. Oh non ! La maison est encore **loin de / loin** !

« À » en « chez »

« **Chez** » wordt gebruikt in de betekenis van "bij, naar" iemand zijn/gaan, terwijl « **à** » betrekking heeft op een plaats.

À + plaats	à l'école à la piscine au restaurant
CHEZ + persoon	chez Christophe chez mes parents chez le dentiste

VOORZETSELS

7 Vul de zinnen aan met
À / L' / À LA / AU / AUX / CHEZ :

a. Je suis arrivé en retard .... école ce matin.

b. Vas-tu .... fête du village samedi prochain ?

c. Ils sont allés .... Caroline hier soir.

d. Stéphanie a rendez-vous .... le médecin vendredi matin à 9h30.

e. Elles sont arrivées .... urgences vers minuit.

f. Il vient d'arriver .... bureau.

« À » en « de »

- **À** duidt aan dat je ergens heen gaat : **Je vais à la gare.** (Ik ga naar het station.)
- **De** geeft aan dat je ergens vandaan komt : **Je viens de la pharmacie.** (Ik kom van de apotheek.)

8 Welk werkwoord hoort bij welke bepaling ?

à l'école.

de la boîte de nuit !

aux vendanges !

1. Je vais

2. Je sors

du cours de guitare.

du cinéma.

à la pêche avec mon frère !

de l'opéra.

au mariage de Maé et Joris.

Voorzetsels van tijd (*Prépositions de temps*)

- **« Dans » en « en »**

« **Dans** » duidt aan dat iets zal gebeuren aan het einde van een bepaalde tijdsduur, terwijl « **en** » aangeeft dat iets gebeurde of zal gebeuren binnen een bepaalde tijdsduur: **Noah mange dans 10 minutes.** (*Noah eet over tien minuten.* = nog 10 minuten en dan eet hij); **Noah mange en dix minutes.** (*Noah eet in tien minuten.* = hij doet er niet langer dan tien minuten over om te eten). « **En** » leidt ook een tijdstip waarop iets gebeurt in: **Tom part en vacances en août.** (*Tom gaat op vakantie in augustus.*)

- **« Depuis »**

komt overeen met *sinds, sedert*: **Il travaille depuis hier.** (*Hij werkt sinds gisteren.*) en met *al, reeds*: **Il court depuis 20 minutes.** (*Hij loopt al 20 minuten.*).

- **« Pendant »** (en **« durant »**)

komt overeen met *gedurende*: **Il a couru pendant 20 minutes.** (*Hij heeft gedurende 20 minuten gelopen.*) en *tijdens*: **Il ne court pas pendant l'hiver.** (*Hij loopt niet tijdens de winter.*)

PENDANT / DEPUIS / DANS / EN ?

a. Nous allons aller à la plage .... les vacances ! Youpi !

b. Dépêche-toi ! Le train arrive .... une heure !

c. Il habite à Paris .... 2002.

d. La famille Charlet déménage .... septembre.

e. Ils parlent .... des heures quand Jonathan téléphone !

f. Il fait beau .... le début de l'été.

Meer voorzetsels van tijd

À partir de, dès = vanaf
Après = na
Avant = voor
De … à … = van … tot …
Entre = tussen

Il y a = geleden
Il y a … que … = al
Jusqu'à = tot
Pour = voor, op
Vers = omstreeks, rond

VOORZETSELS

10 Vul het raster aan met Franse voorzetsels van tijd (zie hun Nederlandse vertaling):

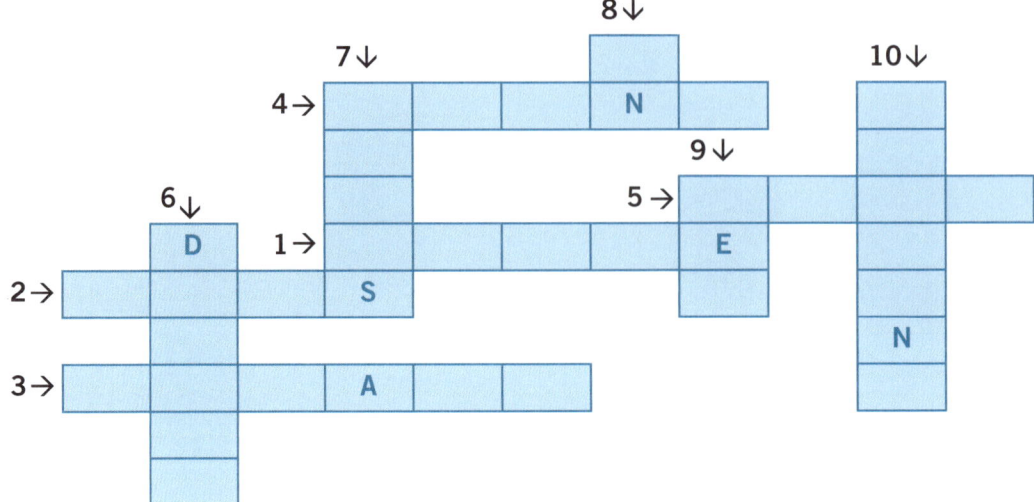

Horizontaal
1. Tussen
2. Omstreeks
3. Gedurende
4. Voor
5. Over

Vertikaal
6. Sinds
7. Na
8. In
9. Vanaf
10. Terwijl

11 Andere veel gebruikte Franse voorzetsels. Verbind elk Frans voorzetsel met zijn Nederlandse vertaling:

1. au sujet de, à propos de •   • a. ondanks

2. avec •   • b. wat betreft

3. contre •   • c. tegen

4. malgré •   • d. met

5. par •   • e. behalve

6. quant à •   • f. over, in verband met

7. sans •   • g. volgens

8. sauf •   • h. door

9. selon •   • i. zonder

VOORZETSELS

Werkwoorden + voorzetsels

De en **à** zijn de meest voorkomende Franse voorzetsels na een werkwoord. Een paar voorbeelden van constructies met WERKWOORD + À/DE + NAAMWOORD/VOORNAAMWOORD/INFINITIEF:

- **WERKWOORD + À + (VOOR)NAAMWOORD**
  - **assister à quelque chose** = *iets bijwonen*
  - **demander à quelqu'un** = *aan iemand vragen*
  - **faire attention à** = *letten op*
  - **s'intéresser à** = *zich interesseren voor*
  - **jouer à** = *spelen*
  - **participer à quelque chose** = *aan iets deelnemen*
  - **penser à** = *denken aan*
  - **téléphoner à quelqu'un** = *naar iemand telefoneren*

- **WERKWOORD + À + INFINITIEF**
  - **aider à** = *helpen (bij)*
  - **apprendre à** = *leren*
  - **commencer à** = *beginnen te*
  - **demander à** = *vragen om*
  - **réussir à** = *slagen in*

- **WW + DE + (V)NW**
  - **changer de** = *veranderen van*
  - **jouer de** = *spelen* (m.b.t. muziekinstrument)
  - **partir de** = *vertrekken van*
  - **se moquer de** = *spotten met*
  - **s'occuper de** = *zich bezighouden met, zorg dragen voor*
  - **se rendre compte de** = *zich rekenschap geven van*
  - **se souvenir de** = *zich herinneren*

- **WERKWOORD + DE + INFINITIEF**
  - **avoir peur de** = *bang zijn voor*
  - **cesser de** = *ophouden met*
  - **décider de** = *beslissen om*
  - **essayer de** = *proberen te*
  - **finir de** = *klaar zijn met*
  - **oublier de** = *vergeten te*

12 À / AU / À L' / AUX of DE / DU / DE LA / DES ? Gebruik het juiste voorzetsel:

a. Fais attention ………………………… trous ! Ne tombe pas !

b. Julian joue ………………………………………… la guitare.

c. Ah enfin ! Tu commences …………… comprendre cet exercice !

d. Fais demi-tour ! J'ai oublié ………… fermer la porte d'entrée !

e. Je me souviens ……………………… jour où la foudre est tombée sur ta maison ! Quelle frayeur !

Gefeliciteerd! Je bent klaar met hoofdstuk 13! Tijd om de icoontjes op te tellen en het resultaat over te brengen naar pagina 128 voor je eindevaluatie.

14 Bijwoorden

Vorming van bijwoorden

- Een bijwoord (**un adverbe**) dient om een werkwoord, een bijvoeglijk naamwoord of een ander bijwoord nader te bepalen.

- Veel bijwoorden (vooral die van wijze) worden afgeleid van een ander woord en voegen het suffix **-ment** toe aan de mannelijke vorm van bijvoeglijke naamwoorden die eindigen op een klinker (**rapide → rapide<u>ment</u>**) of aan de vrouwelijke vorm van het bijvoeglijk naamwoord als dit eindigt op een medeklinker (**lent → lente → lente<u>ment</u>**). Er zijn natuurlijk uitzonderingen op deze regel, bv.: **bref → briè<u>vement</u>, gentil → gent<u>iment</u>**.

- Bij bijvoeglijke naamwoorden op **-ant → -amment** en bij die op **-ent → -emment**: **courant → cour<u>amment</u>** ; **patient → pati<u>emment</u>**.

- Een paar bijwoorden eindigen op **–ément**, bv. **précis<u>ément</u>** of **énorm<u>ément</u>**.

1 Leid van het bijvoeglijk naamwoord een bijwoord af:

a. prudent = ...
b. joli = ...
c. malheureux = ...
d. constant = ...
e. gentil = ...
f. joyeux = ...
g. profond = ...

Plaats van de bijwoorden

- Doorgaans staan bijwoorden die een werkwoord nader bepalen achter dat werkwoord: **Nous marchons <u>vite</u>**.

- Bij een samengestelde tijd staan lange bijwoorden meestal achter het voltooid deelwoord: **Julie est rentrée <u>rapidement</u>**.

- Uitzonderingen zijn **certainement, complètement, probablement**: **Tu as <u>probablement</u> eu raison**.

- Korte bijwoorden, zoals **bien, souvent, mal, beaucoup**, staan voor het voltooid deelwoord: **J'ai <u>bien</u> mangé !**

- Een bijwoord dat slaat op een bijvoeglijk naamwoord of een ander bijwoord staat ervoor: **Elle est <u>vraiment</u> jolie**.

- Bijwoorden die achter het werkwoord horen, staan in de ontkennende vorm achter **pas**: **Elle dort <u>bien</u> > Elle ne dort pas <u>bien</u>**.

2 Rangschik de woorden tot een logische zin:

a. Tellement / Luc / est / fatigué = ...

b. pas / souvent / vais / ne / théâtre / Je / au = ...

c. beaucoup / a / cette / grandi / année / Il = ...

d. Vous / gentils / très / êtes = ...

e. Il / maison / entré / silencieusement / la / dans / est = ...

Bijwoorden van wijze (*Adverbes de manière*)

- De meeste Franse bijwoorden van wijze eindigen op **-ment**, bv. **rapidement, sérieusement, lentement, gentiment**.
- Een paar bijwoorden van wijze die niet eindigen op het suffix **-ment**:

Bijvoeglijk naamw.	Bijwoord
bon → *goed*	bien → *goed*
mauvais → *slecht*	mal → *slecht*
meilleur → *beter*	mieux → *beter*

3 Onderstreep het juiste woord:

a. C'est le **mieux / meilleur** film de l'année !

b. Louis m'a posé la question **gentil / gentiment**.

c. Est-ce un **bon / bien** dessert ?

d. Vous allez **bon / bien** ?

e. Karine va beaucoup **mieux / meilleur** aujourd'hui.

BIJWOORDEN

Bijwoorden van frequentie (*Adverbes de fréquence*)

Deze staan gewoonlijk achter het werkwoord.

- -	jamais	nooit
-	rarement	zelden
+	parfois quelquefois de temps en temps	soms af en toe
+ +	souvent généralement	dikwijls, vaak meestal
+ + +	toujours tout le temps	altijd de hele tijd

4 Onderstreep het bijwoord van frequentie dat past bij de jobbeschrijving:

a. **Homme d'affaires** : Je pars **parfois / souvent** en voyage.
b. **Professeur des écoles** : Je travaille **quelquefois / toujours** avec des enfants.
c. **Fermier** : Je travaille **parfois / toujours** avec un ordinateur.
d. **Médecin généraliste** : Je rencontre **parfois / souvent** des gens.
e. **Coiffeur :** Je bavarde **rarement / généralement** avec mes clients.

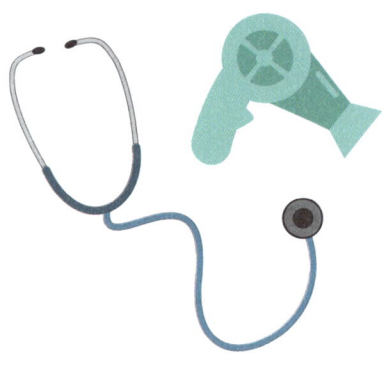

5 Kies hiernaast een bijwoord van frequentie dat past bij de context van de zin:

a. Le cinéma ? Il déteste ça. Il n'y va ....
b. L'opéra ? C'est tellement cher ! Elle n'y va que très ....
c. La télévision ? Nous adorons ! Nous regardons .... les programmes du soir ensemble !
d. Le théâtre ? Oui, cela lui arrive d'y aller. Pas très .... mais .... il y a un spectacle intéressant.
e. À quelle heure sort-elle du bureau ? Elle en sort .... à 16h30.

rarement
généralement
jamais
quelquefois
toujours
souvent

BIJWOORDEN

Bijwoorden van tijd (*Adverbes de temps*)

Bijwoorden van tijd die verwijzen naar specifieke dagen kunnen aan het begin of het einde van de zin staan: **Aujourd'hui, je pars en vacances**. Ze beantwoorden de vraag **Quand ?** (*Wanneer?*).

actuellement = *momenteel*
après = *(daar)na*
après-demain = *overmorgen*
aujourd'hui = *vandaag*

auparavant = *daarvoor*
autrefois = *vroeger, voorheen*
avant = *voor, eerder*
avant-hier = *eergisteren*
bientôt = *binnenkort*
déjà = *al, reeds*
demain = *morgen*
depuis = *sinds, sedert*
enfin = *eindelijk*
ensuite = *dan, vervolgens*
hier = *gisteren*
il y a = *geleden*

jamais = *nooit*
longtemps = *lang (geleden)*
maintenant = *nu*
parfois = *soms*
puis = *dan*
rarement = *zelden*
souvent = *dikwijls, vaak*
tard = *laat*
tôt = *vroeg*
toujours = *(nog) altijd*
tout de suite = *meteen*

6. Vul aan met een passend bijwoord van tijd:

a. Mets ton réveil à 5 heures du matin : nous devons nous lever ....

b. Des nuages sont apparus, ... le vent s'est levé.

c. Rex ! Viens .... ! Quelle bêtise as-tu encore faite ?

d. Ne pleure pas Edwige, ta maman va rentrer .... Plus que cinq minutes et elle sera là.

e. J'ai rencontré Carla .... cinq ans et nous ne nous sommes pas quittés depuis !

f. J'adore ce parc ; je viens .... ici.

g. Joshua n'aime pas les carottes. J'en cuisine ....

Bijwoorden van plaats (*Adverbes de lieu*)

Deze staan gewoonlijk achter het lijdend voorwerp. Ze beantwoorden de vraag **Où ?** (*Waar?*).

à droite = *rechts(af)*
à gauche = *links(af)*
à l'intérieur de / dedans = *(binnen)in*

autour = *rond(om)*
dehors = *buiten*
devant = *voor*
en bas = *beneden*
en haut = *boven*
ici = *hier*
là = *daar*
là-bas = *ginder*

loin = *ver*
nulle part = *nergens*
partout = *overal*
près = *dichtbij*
quelque part = *ergens*

BIJWOORDEN

7 Vul de zinnen aan met een bijwoord van plaats dat je vanonder het dak kiest:

a. As-tu vu Domino ? – Non, je l'ai cherché .... mais je ne l'ai trouvé ....

b. Je dois passer l'aspirateur. Allez donc jouer .... avec le ballon !

c. Finalement, j'ai cherché Domino dehors et il était .... !

d. Ton revers est incroyable ! Mais où est la balle ?
– Je la vois ! Elle est ...., à côté des arbres !
– Elle est vraiment .... !

e. Victor ? Où es-tu ? Je suis à l'étage et je ne te trouve pas !
– Mais, je ne suis pas à l'étage, je suis .... !

là-bas, partout, en bas, à l'intérieur, dehors, loin, nulle part

Bijwoorden van hoeveelheid (*Adverbes de quantité*)

Bijwoorden van hoeveelheid geven aan hoeveel er van iets is:

beaucoup (de) = *veel*
assez (de) = *voldoende*
peu (de) = *weinig*

trop (de) = *te veel*
plus (de) = *meer*
un peu (de) = *een beetje, wat*

• Ze staan vaak met **de** + zelfstandig naamwoord (zonder lidwoord).

peu de, assez de, plus de, beaucoup de, trop de

8 Vul de zinnen aan met een bijwoord van hoeveelheid uit de suikerpot:

a. Beurk, mon café est dégoûtant ! Il y a .... sucre.

b. Arrêtez ! Merci, ça suffira. Il y a .... lait dans mon café.

c. Le café était calme. Il y avait très .... gens présents.

d. Désirez-vous autre chose Madame ? – Oui, j'aimerais .... sucre dans mon café, s'il vous plaît.

e. Je ne sais que choisir ! Il y a .... gâteaux et ils sont tous appétissants !

Vragende bijwoorden (*Adverbes interrogatifs*)

Hiermee kunnen vragen gesteld worden:

combien (de) = *hoeveel*
comment = *hoe, wat*
où = *waar*
pourquoi = *waarom*
quand = *wanneer*
quel = *welk*
qui = *wie*

9 Vul aan met het passende vragend bijwoord:

a. .... est Thomas ? – Il est dans sa chambre.

b. .... es-tu allé à Dijon ? – J'y suis allé en train.

c. .... est avec Florence ? – C'est Laurent, son cousin.

d. .... venez-vous nous voir ? – Nous venons le mois prochain, c'est promis !

e. .... es-tu en colère ? – Oh, cet imbécile m'a pris ma place de parking !

10 Vul aan met een van de bijwoorden die in deze les voorkwamen:

a. On ne risque pas d'avoir un accident : ma grand-mère conduit si .... !

b. Il va .... au travail en vélo. Il adore le grand air !

c. Je pense que cette réponse est correcte : tu as .... raison.

d. Je déteste le poisson ! Je n'en mange ....

e. .... , Jennifer et Océane ne pourront pas venir à ton anniversaire.

f. Julien est .... très généreux.

g. Vous n'avez pas besoin de répéter ; j'ai .... compris.

Gefeliciteerd! Hoofdstuk 14 zit erop! Tijd om de icoontjes op te tellen en het resultaat over te brengen naar pagina 128 voor je eindevaluatie.

15 Werkwoorden

Modale werkwoorden

Modale werkwoorden drukken uit of iets nodig, mogelijk, wenselijk, gewild,... is.

- **DEVOIR** betekent *moeten*.

Je	dois
Tu	dois
Il/Elle	doit
Nous	devons
Vous	devez
Ils/Elles	doivent

- **POUVOIR** komt overeen met *mogen* en *kunnen*.

Je	peux
Tu	peux
Il/Elle	peut
Nous	pouvons
Vous	pouvez
Ils/Elles	peuvent

- **VOULOIR** betekent *willen*.

Je	veux
Tu	veux
Il/Elle	veut
Nous	voulons
Vous	voulez
Ils/Elles	veulent

- Let op: **je peux** wordt bij inversie in een vraag **puis-je**: Puis-je me laver les mains ?

---

❶ Vul de zinnen aan met een van de werkwoorden hiernaast:

a. ....-vous aller à l'école demain ?

b. Nous ne .... pas manger ou boire ici.

c. .... -je utiliser les toilettes, s'il vous plaît ?

d. Elles .... rentrer à 10 heures.

e. Tu .... venir avec nous au cinéma ?

f. Il .... visiter l'Écosse.

veux
pouvons
doivent
veut
puis
devez

WERKWOORDEN

2 Vervoeg de modale werkwoorden in de o.t.t.:

a. Maman, Camille .... (pouvoir) venir à la maison cet après-midi ?

b. Vous .... (devoir) ôter vos chaussures avant d'entrer.

c. Je .... (devoir) étudier pour cet examen !

d. Nous .... (devoir) faire les courses pour le week-end.

e. Chut ! Elles .... (pouvoir) nous entendre !

Onpersoonlijke werkwoorden

- **Falloir** is een onpersoonlijk werkwoord dat alleen wordt gebruikt in de 3ᵉ p. ev. (**il faut**), en dit in alle tijden. Het kan vertaald worden door *moeten, nodig zijn*.

- **Valoir** - *waard zijn*, **valoir mieux** - *beter zijn*: **Il vaut mieux utiliser Skype ! C'est moins cher !** (*Het is beter om Skype te gebruiken! Het is goedkoper!*)

- Werkwoorden m.b.t. het weer: **Il pleut.** (*Het regent.*), **Il fait beau.** (*Het is mooi weer.*)

- **Il y a ...** - *er is/zijn ...* : **Il y a beaucoup de monde.** (*Er is veel volk.*)

- **Il paraît que ... / Il semble que ...** (*Het lijkt erop dat ..., Naar het schijnt ...*) **/ On dirait que ...** (*Je zou zeggen dat ...*).

WERKWOORDEN

3 Maak logische zinscombinaties:

1. Sortez les skis !
2. Je dois trouver mon parapluie !
3. Il faut mettre les manteaux !
4. Nous pouvons sortir en t-shirt !
5. Peux-tu me donner un verre d'eau ?

- a. Il pleut !
- b. Il fait beau !
- c. Il fait chaud !
- d. Il neige !
- e. Il fait froid !

4 Vertaal de zinnen in het Frans:

a. Ik denk dat je gelijk hebt!
→ ....

b. Het is heel mooi weer vandaag!
→ ....

c. Het is zomer! Het is heel warm!
→ ....

d. Het is beter om een mobiele telefoon te hebben!
→ ....

e. Er is hier niet veel volk.
→ ....

Constructies met "hebben/zijn" vertalen

Het kan vaak vrij letterlijk, maar niet altijd!

Ik heb honger/dorst, gelijk/ongelijk.
= **J'ai faim/soif, raison/tort.**

Ik heb het warm/koud.
= **J'ai chaud/froid.**

Ik heb geluk.
= **J'ai de la chance.**

Ik ben 10 (jaar).
= **J'ai 10 ans.**

Ik heb me vergist.
= **Je me suis trompé(e).**

WERKWOORDEN

5 Vertaal de zinnen in het Nederlands:

a. As-tu froid ? → ....

b. J'ai très faim. → ....

c. Nous avons tort. → ....

d. J'ai 41 ans. → ....

e. Vous avez de la chance. → ....

6 Vertaal de zinnen in het Frans:

a. Je hebt gelijk! Het regent!

→ ....

b. Ik heb het echt koud! Sluit het raam!

→ ....

c. We hebben geluk! We hebben gewonnen!

→ ....

d. Hoe oud is ze? – Ze is 26 (jaar).

→ ....

e. Heb je honger?

→ ....

Transitieve en intransitieve werkwoorden

- Bij **een transitief (of overgankelijk) werkwoord** kan een lijdend voorwerp staan (antwoord op de vraag *wat?* of *wie?*).

Onderw.	Transitief ww.	Lijdend voorw.
J'ai	mangé	un croissant.

- Als het lijdend vw. een voornaamwoord is, staat het gewoonlijk voor het werkwoord.

Onderw.	Lijdend voorw.	Transitief ww.
Je	la	vois.

- Bij **een intransitief (of onovergankelijk) werkwoord** kan geen lijdend voorwerp staan, maar wel een meewerkend voorwerp (antwoord op de vraag *aan/voor wie/wat?*). Er volgt vaak een voorzetsel op, bv. **à**. Sommige werkwoorden zijn op zich intransitief, bv. **pleurer, nager, voyager**.

Onderw.	Intransitief ww.	Meew. voorw.
Nous	parlons	aux voisins.

WERKWOORDEN

7. Onderstreep de werkwoorden en vink aan of ze transitief (T) of intransitief (I) zijn:

Zin	T	I
a. Nous mangeons une pizza tous les vendredis.	☐	☐
b. Sabine écoute une chanson.	☐	☐
c. Corinne parle à ses amis.	☐	☐
d. Tu réponds à tante Colette ?	☐	☐
e. Je bois du café tous les matins.	☐	☐

8. Onderstreep de voorwerpen en vink aan of ze lijdend (L) of meewerkend (M) zijn:

Zin	L	M
a. J'ai donné mon livre.	☐	☐
b. Elle téléphone à Alice.	☐	☐
c. Nous écrivons à nos parents.	☐	☐
d. Tu chantes cette chanson.	☐	☐
e. Nous pensons à nos vacances.	☐	☐

Onvoltooid deelwoord (*Participe présent*)

- Om een onvoltooid deelwoord te vormen, ga je uit van de **nous**-vorm van een werkwoord in de o.t.t. en vervang je de uitgang **-ons** door de uitgang **-ant**, bv.:

  Regarder → nous regardons → **-ons** vervangen door **-ant** → **regardant**
  Vendre → nous vendons → **-ons** vervangen door **-ant** → **vendant**
  Prendre → nous prenons → **-ons** vervangen door **-ant** → **prenant**
  Finir → nous finissons → **-ons** vervangen door **-ant** → **finissant**
  Ranger → nous rangeons → **-ons** vervangen door **-ant** → **rangeant**
  Faire → nous faisons → **-ons** vervangen door **-ant** → **faisant**

- Er zijn uitzonderingen op deze regel:

  Avoir → ayant
  Être → étant

- Het onvoltooid deelwoord wordt in het Frans vooral gebruikt met het voorzetsel **en** ervoor: **en riant** - *al lachend*. Het kan ook gebruikt worden als bijvoeglijk naamwoord.

9 Geef het onvoltooid deelwoord van de volgende werkwoorden:

a. Lancer → ....
b. Aimer → ....
c. Acheter → ....
d. Voir → ....
e. Maigrir → ....
f. Venir → ....
g. S'habiller → ....

Gefeliciteerd! Je bent klaar met hoofdstuk 15! Tijd om de icoontjes op te tellen en het resultaat bij te schrijven op pagina 128 voor je eindevaluatie.

16 Voegwoorden

Nevenschikkende voegwoorden (*Conjonctions de coordination*)

- "Koppelwoorden" leggen een verband tussen ideeën en woorden, zinnen of zinsdelen. Zo zijn er voegwoorden (**et, mais, ou, parce que, jusqu'à ce que,...**) en voegwoordelijke bijwoorden.
- **Voegwoorden** (*Conjonctions*) zijn nevenschikkend of onderschikkend.
- **Nevenschikkende voegwoorden** (*Conjonctions de coordination*) verbinden gelijkwaardige woordgroepen (woorden, zinsdelen of zinnen).
- Veel gebruikte nevenschikkende woorden:
  d'ailleurs = *trouwens*
  ainsi = *zo*
  à savoir = *te weten*
  au contraire = *in tegendeel*

aussi = *ook*
car = *want, daar*
c'est-à-dire = *dit wil zeggen*
c'est pourquoi = *daarom (ook)*
cependant = *echter, toch,...*
donc = *dus, bijgevolg*
en effet = *inderdaad*
et = *en*
mais = *maar*
néanmoins = *niettemin*
ni ... ni... = *noch ... noch ...*
or = *doch*
ou = *of*
pourtant = *nochtans, echter,...*
toutefois = *evenwel*
soit ... soit ... = *hetzij ... hetzij...*

❶ Onderstreep de nevenschikkende woorden in de volgende zinnen:

a. Je suis passé chez toi, mais tu n'étais pas là.
b. Soit tu viens avec nous, soit tu ne viens pas ; mais, s'il te plaît, décide-toi !
c. Marion pense cuisiner un bœuf bourguignon ou un navarin.
d. La voiture est au garage donc je ne pourrai pas venir te voir ce matin. Désolé !
e. Je ne me sens pas très bien, cependant j'essaierai d'aller en cours.

❷ Vul de zinnen aan met een nevenschikkend woord uit het lijstje:

car – c'est pourquoi – au contraire – pourtant – à savoir – cependant

a. Julien se pose des questions .... si la maison sera vendue.
b. Laetitia n'aime pas skier, ... elle reste au chalet.
c. Florian ne s'énerve jamais, ... il reste toujours serein.
d. Marine n'aime pas le chocolat, ... elle a fait un effort et a goûté ton gâteau.
e. Maxime lui fait confiance, ... il a un doute.
f. Je suis au lit .... je suis malade.

VOEGWOORDEN

Onderschikkende voegwoorden (*Conjonctions de subordination*)

- Deze voegwoorden verbinden een hoofdzin met een bijzin.

- Een ondergeschikte bijzin wordt ingeleid door zo'n voegwoord en hangt af van de hoofdzin. Een ondergeschikte zin kan niet op zich, dus zonder de hoofdzin bestaan, bv.:

Je l'aime bien	parce qu'elle est très gentille.
Ik mag haar graag	omdat ze heel lief is.
Hoofdzin	Ondergeschikte bijzin

- Veel gebruikte onderschikkende voegwoorden:

  alors que = *terwijl (daarentegen)*
  à moins que = *tenzij*
  afin que = *teneinde*
  après que = *nadat*
  au cas où = *voor het geval dat*
  aussitôt que = *zodra*
  avant que = *voordat*
  bien que = *hoewel*
  comme = *(zo)als, aangezien, daar*
  de peur que = *uit vrees dat*
  depuis que = *sinds*
  dès que = *zodra*
  jusqu'à ce que = *tot*
  lorsque = *toen, wanneer, als*
  maintenant que = *nu*
  parce que = *omdat*
  pendant que = *terwijl*
  pour que = *opdat*
  pourvu que = *mits, als maar*
  puisque = *aangezien, daar*
  quand = *wanneer, als, toen*
  que = *dat*
  quoi que = *wat ook*
  quoique = *hoewel*
  sans que = *zonder dat*
  si = *als, indien*
  tandis que = *terwijl (daarentegen)*

3 Onderstreep de onderschikkende voegwoorden in de volgende zinnen:

a. Claudette a pris un parapluie au cas où il pleuve.

b. Bien que Pierre ait peur de l'eau, ils sont allés en vacances au bord de la mer.

c. Comme les enfants n'aiment pas la télévision, j'ai apporté des jeux de société.

d. Je partirai lorsque le film sera fini.

e. Depuis que j'ai 18 ans, je me sens beaucoup plus libre !

VOEGWOORDEN

4 Geef een synoniem voor onderstaande onderschikkende voegwoorden:

a. Aussitôt que ....
b. Comme ....
c. Lorsque ....
d. Bien que ....

> **De aanvoegende wijs (*Le subjonctif*) na voegwoorden**
> Zie hoofdstuk 18
> **Tegenwoordige tijd in de subjunctief**

5 Vervoeg de werkwoorden volgens de vereisten van de voegwoorden:

a. Depuis que je .... (**être**) en retraite, la vie est belle !
b. Si tu .... (**aller**) en ville demain, préviens-moi ! J'irai avec toi.
c. Bien que les chiens me .... (**faire**) peur, je trouve celui-ci très mignon !
d. Quand tu .... (**arriver**), nous irons voir grand-mère.
e. Quoi que nous .... (**dire**), ils n'en feront qu'à leur tête.

6 Verbind de Franse koppelwoorden met hun Nederlandse tegenhanger:

RANGSCHIKKEN

Premièrement / (tout) d'abord • • *in/op de eerste plaats*
En premier lieu • • *dan*
Deuxièmement • • *ten eerste, eerst*
Ensuite / puis • • *ten tweede*

7 Verbind de Franse koppelwoorden met hun Nederlandse tegenhanger:

EEN ALTERNATIEF BIEDEN

D'un côté… de l'autre • • *bovendien*
D'une part… d'autre part • • *overigens*
Ou… Ou • • *aan de ene kant… aan de andere*
Par ailleurs • • *enerzijds… anderzijds*
En outre • • *of… of*

VOEGWOORDEN

TEGENSTELLING

D'un autre côté •	• daarentegen
Par contre •	• daarentegen
En revanche •	• anders bekeken
Au contraire •	• in tegendeel

8 Verbind de Franse koppelwoorden met hun Nederlandse tegenhanger:

EEN VOORBEELD GEVEN

Ainsi •	• bijvoorbeeld
Par exemple •	• zo, aldus
Notamment •	• in het bijzonder
En particulier •	• namelijk

9 Verbind de Franse koppelwoorden met hun Nederlandse tegenhanger:

BESLUITEN

Finalement / enfin •	• tot besluit / om te besluiten
En conclusion / pour conclure •	• in het kort
En résumé •	• ten slotte, eindelijk, kortom
En bref •	• om te eindigen, uiteindelijk
Pour finir •	• samengevat

10 Vul aan met een passend koppelwoord:

a. .... tu pourrais penser à quelques prénoms pour le bébé, mais ...., tu pourrais attendre qu'il soit né et décider à ce moment-là.

b. Je n'aime pas certains gâteaux : .... , le mille-feuille ou le tiramisu.

c. ...., j'aimerais présenter le sujet de ma dissertation.

d. D'abord on travaille ; ...., on s'amuse !

e. Elle a pris son parapluie ; elle sera .... protégée de la pluie.

Gefeliciteerd! Je bent klaar met hoofdstuk 16! Tijd om de icoontjes op te tellen en het resultaat over te brengen naar pagina 128 voor je eindevaluatie.

17
Passieve vorm

Passieve vorm

- In de actieve (of bedrijvende) vorm voert het onderwerp de actie uit.

- In de passieve (of lijdende) vorm is het onderwerp niet de uitvoerder van de actie, maar ondergaat het de actie.

- De passieve vorm bestaat in het Frans uit een vorm van **être** + voltooid deelwoord + veelal het voorzetsel **par** (*door*).

- **Opmerking:** op sommige werkwoorden (o.a. **aimer, admirer, apprécier, adorer, détester, respecter, accompagner, fatiguer, entourer**) kan **de** volgen, bv. *Il est apprécié de ses élèves, je suis accompagné de ma famille.*

- **Être** moet zich in geslacht en getal richten naar het onderwerp!

Actieve vorm	**Zazie interprète cette chanson.**	*Zazie zingt dit lied.*
Passieve vorm	**Cette chanson est interprétée par Zazie.**	*Dit lied wordt gezongen door Zazie.*

❶ Actieve of passieve vorm? Vink het juiste antwoord aan:

	Actieve	Passieve
a. La vaisselle est faite par Joël.	☐	☐
b. Catherine range le garage.	☐	☐
c. Le chat est brossé par Manon.	☐	☐
d. Cette lettre est écrite par mon arrière-grand-mère !	☐	☐
e. Mon père a peint cette toile.	☐	☐

❷ Vervoeg ÊTRE in de o.t.t. in onderstaande passieve zinnen:

a. Notre maison .... construite par notre oncle qui est architecte.

b. Les haricots .... plantés par Julien.

c. Nous .... accueillis très chaleureusement par nos amis.

d. Vous .... poursuivis par les petits voisins !

e. Tu .... invitée par Ella.

PASSIEVE VORM

3 Gebruik de juiste o.t.t.-vorm van ÊTRE + voltooid deelwoord in onderstaande passieve zinnen:

a. Ces tartes ………………………….(être + préparer) par la classe 3ᵉ D.

b. L'arbre de Noël ………………………(être + décorer) par les enfants.

c. Le président français ………………… (être + accueillir) par le premier ministre anglais.

d. Les voleurs ……………………… (être + arrêter) par la police.

e. Les commandes ………………….. (être + prendre) par la serveuse.

4 Gebruik de juiste v.t.t.-vorm van ÊTRE + voltooid deelwoord in onderstaande passieve zinnen:

a. Cette sculpture ……………………….. (être + réaliser) par Auguste Rodin.

b. Ce livre ………………………………. (être + écrire) par Victor Hugo.

c. La voiture ……………………………. (être + vendre) par mon frère.

d. Ces crevettes ……………………….. (être + préparer) par maman.

e. Le ciel ………………………………. (être + illuminer) par la foudre.

Passieve vorm vermijden

- De passieve vorm wordt in het Frans veel minder gebruikt dan in het Nederlands en vermijd je dus beter zoveel mogelijk.

- **Alternatief met « on »**
  Als de "uitvoerder" niet vermeld wordt of identificeerbaar is, kan een actieve constructie met « on » (+ ww. in de 3ᵉ p. ev.) gebruikt worden: **On m'a dit que tu venais à la fête samedi.** (*Men heeft me gezegd dat je zaterdag naar het feest kwam.*)

- **Alternatief met « se »**
  Als de "uitvoerder" niet belangrijk of relevant is, kan een constructie met het wederkerend voornaamwoord **se** gebruikt worden: **Les glaces se vendent très bien avec cette chaleur.** (*De ijsjes worden heel goed verkocht / verkopen heel goed bij deze hitte.*)

PASSIEVE VORM

5 Zet de passieve zinnen om in actieve met gebruik van het persoonlijk voornaamwoord « ON »:
Vb.: Les clés ont été retrouvées → <u>On</u> a retrouvé les clés.

a. Le bateau a été réparé. → .... le bateau.

b. Le numéro a été changé. → .... le numéro.

c. Le magasin a été ouvert. → .... le magasin.

d. Le vase a été cassé. → .... le vase.

e. La maison a été bâtie. → .... la maison.

6 Vervoeg de werkwoorden in onderstaande zinnen:

a. Comment cela .... (se dire)-il en anglais ?

b. Le vin blanc .... (se servir) très frais.

c. Cela ne .... (se faire) pas. Ce n'est pas poli.

d. Ce plat .... (se manger) chaud et accompagné de haricots blancs.

e. Les toilettes .... (se trouver) au fond du couloir.

7 Zet de actieve zinnen om in passieve met een v.t.t. + voltooid deelwoord:

a. Caroline a mangé une pomme. → Une pomme ....

b. Léonard de Vinci a peint la Joconde. → ....

c. L'oiseau a mangé le ver de terre. → ....

d. Daniel a planté les jonquilles. → ....

e. Mathilde a décoré l'appartement. → ....

8 Actieve of passieve vorm? Vink het juiste antwoord aan:

	Actieve	Passieve
a. Les cambrioleurs ont été surpris par les policiers.	☐	☐
b. Notre président était respecté de tous.	☐	☐
c. On interdit l'utilisation des téléphones portables dans la salle d'attente.	☐	☐
d. Ce fruit ne se mange pas.	☐	☐
e. Karine est très appréciée de ses collègues.	☐	☐

PASSIEVE VORM

Waar een passieve vorm niet kan

- Een passieve vorm is alleen mogelijk met transitieve werkwoorden (met een lijdend voorwerp, dat bv. de vraag "*wat?*" kan beantwoorden: **Coralie fait (quoi ?) une tarte.** = <u>La tarte</u> a été faite par Coralie (**faire** = transitief werkwoord).

- Sommige werkwoorden kunnen in het Frans niet in een passieve vorm gebruikt worden, bv. die gevolgd door **à** + persoon, zoals **apprendre, conseiller, demander, dire, refuser**.

- Werkwoorden die vervoegd worden met **être** kunnen evenmin in de passieve vorm.

9 Kunnen deze werkwoorden in de passieve vorm staan? Vink JA of NEE aan:

WERKWOORD		JA	NEE
Demander	*quelque chose à quelqu'un*	☐	☐
Construire	*quelque chose pour quelqu'un*	☐	☐
Aller	*quelque part*	☐	☐
Admirer	*par quelqu'un*	☐	☐
Promettre	*quelque chose à quelqu'un*	☐	☐
Monter	*les escaliers*	☐	☐
Manger	*quelque chose*	☐	☐
Tomber	*par terre*	☐	☐

Gefeliciteerd! Hoofdstuk 17 zit erop! Tijd om de icoontjes op te tellen en het resultaat over te brengen naar pagina 128 voor je eindevaluatie.

Tegenwoordige tijd in de subjunctief

Tegenwoordige tijd in de subjunctief (*Subjonctif présent*)

De subjunctief is geen tijd maar een wijs, nl. de aanvoegende wijs, die gebruikt wordt om o.a. een wens, verzoek, bevel of spijt, twijfel enz. uit te drukken. Hij wordt ingeleid door **que** (*dat*). Net als de indicatief (of aantonende wijs) heeft hij verschillende tijden, waarvan de **subjonctif présent** de meest gebruikte is.

Vorming van de tegenwoordige tijd in de subjunctief
Neem de 3ᵉ persoon meervoud (**ils/elles**) van de o.t.t. in de indicatief, laat de uitgang **-ent** weg en voeg de volgende uitgangen toe: **-e, -es, -e, -ions, -iez, -ent**.

Regarder	
que je regard	**-e**
que tu regard	**-es**
qu'il/elle regard	**-e**
que nous regard	**-ions**
que vous regard	**-iez**
qu'ils regard	**-ent**

Vendre	
que je vend	**-e**
que tu vend	**-es**
qu'il/elle vend	**-e**
que nous vend	**-ions**
que vous vend	**-iez**
qu'ils vend	**-ent**

Finir	
que je finiss	**-e**
que tu finiss	**-es**
qu'il/elle finiss	**-e**
que nous finiss	**-ions**
que vous finiss	**-iez**
qu'ils finiss	**-ent**

❶ Onderstreep het werkwoord dat in de subjunctief staat:

a. Il faut que je **réussis / réussisse** mon examen pour entrer à l'université.

b. Je dois prendre ma douche avant que Jean **vienne / vient** me chercher !

c. Pourvu que nous **vendons / vendions** la voiture rapidement !

d. Nous sommes très contents que tu **agrandisses / agrandis** la maison !

e. Il est important que tu **prends / prennes** ton passeport si tu veux vraiment prendre ton avion !

TEGENWOORDIGE TIJD IN DE SUBJUNCTIEF

2 Zet de o.t.t.-indicatief om in de tegenwoordige tijd-subjunctief:

a. Je **mange** du popcorn. ➔ Il est étonnant que je .... du pop-corn.

b. Tu **écoutes** la radio. ➔ Il est important que tu .... la radio.

c. Elle **maigrit** très vite. ➔ Il est surprenant qu'elle .... très vite.

d. Nous **mettons** la table. ➔ Il est utile que nous .... la table.

e. Vous **perdez** souvent vos affaires. ➔ Il est bizarre que vous .... souvent vos affaires.

f. Ils **choisissent** toujours les bonnes cartes. ➔ Il est étonnant qu'ils .... toujours les bonnes cartes.

« Être » en « avoir »

in de tegenwoordige tijd-subjunctief:

ÊTRE	AVOIR
que je **sois**	que **j'aie**
que tu **sois**	que tu **aies**
qu'il **soit**	qu'il **ait**
que nous **soyons**	que nous **ayons**
que vous **soyez**	que vous **ayez**
qu'ils **soient**	qu'ils **aient**

3 Vul aan met een vorm van ÊTRE in de tegenwoordige tijd-subjunctief:

a. Il faut que tu .... sur ton trente et un pour le mariage de ta sœur !

b. Il est essentiel que nous .... honnêtes durant cet entretien.

c. Je me suis levée en avance pour que vous .... à l'heure.

d. Il est content que je .... premier de ma classe !

e. Il se peut qu'elle .... coupable de quelques délits.

f. Bien qu'ils .... très occupés, ils ont trouvé le temps de venir.

TEGENWOORDIGE TIJD IN DE SUBJUNCTIEF

 Vul aan met een vorm van AVOIR in de tegenwoordige tijd-subjunctief:

a. Bien que je n'.................................. pas beaucoup dormi la nuit dernière, je me suis levée aux aurores ce matin.

b. Il faut que tu .... de bons résultats à cet examen.

c. Il est impossible qu'elle .... perdu son portefeuille. Il doit être quelque part !

d. Je suis surpris qu'ils .... décidé de partir à l'étranger.

e. Nous sommes désolées que vous .... mal à la tête. Ce doit être la chaleur !

f. Je crains que nous .... de la pluie demain.

Onregelmatige werkwoorden

- **Werkwoorden met een onregelmatige stam en regelmatige uitgangen:**

Aller : (que) j'aille, tu ailles, il/elle aille, nous allions, vous alliez, ils/elles aillent

Faire : (que) je fasse, tu fasses, il/elle fasse, nous fassions, vous fassiez, ils/elles fassent

Pouvoir : (que) je puisse, tu puisses, il/elle puisse, nous puissions, vous puissiez, ils/elles puissent

Savoir : (que) je sache, tu saches, il/elle sache, nous sachions, vous sachiez, ils/elles sachent

Vouloir : (que) je veuille, tu veuilles, il/elle veuille, nous voulions, vous vouliez, ils/elles veuillent

- De bij de o.t.t.-indicatief geziene regels voor de spelling van de stam van **1-2-3-6 werkwoorden** (zie **hoofdstuk 10**) zijn ook hier van toepassing.

- Sommige werkwoorden zijn onregelmatig bij **nous** en **vous**:

Boire : (que) je boive, tu boives, il/elle boive, **nous buvions, vous buviez**, ils/elles boivent.

Devoir : (que) je doive, tu doives, il/elle doive, **nous devions, vous deviez**, ils/elles doivent

Prendre : (que) je prenne, tu prennes, il/elle prenne, **nous prenions, vous preniez**, ils/elles prennent

Recevoir : (que) je reçoive, tu reçoives, il/elle reçoive, **nous recevions, vous receviez**, ils/elles reçoivent

Tenir : (que) je tienne, tu tiennes, il/elle tienne, **nous tenions, vous teniez**, ils/elles tiennent

Venir : (que) je vienne, tu viennes, il/elle vienne, **nous venions, vous veniez**, ils/elles viennent

TEGENWOORDIGE TIJD IN DE SUBJUNCTIEF

5 Kies hiernaast het passende werkwoord om de zinnen aan te vullen:

a. Nous sommes heureux que vous ………………………… au restaurant avec nous !

b. Il faut que tu ……… que je t'ai toujours dit la vérité.

c. Je voudrais que tu ………………… la vaisselle ce soir.

d. Il est probable que vous …………… passer chez nous avant de partir.

e. Il se peut que ton père …………… la voiture ce soir.

f. Il faut que tu ……………………… chez le dentiste.

ailles
fasses
veniez
deviez
saches
prenne

6 Vervoeg de werkwoorden in de tegenwoordige tijd-subjunctief:

a. Il est étonnant que vous ……………………………………………… **(boire)** du vin !

b. Je doute qu'ils ………………………………………… **(aller)** en Espagne cette année.

c. Il est possible que tu ……………………… **(recevoir)** une lettre de tante Agathe.

d. Il faut que tu ………………………………………… **(tenir)** la corde de ce côté.

e. J'ai peur que vous ……………………… **(faire)** la queue pendant longtemps.

De subjunctief na voegwoorden

De subjunctief moet gebruikt worden na voegwoorden zoals:

à condition que : *op voorwaarde dat*
afin que : *teneinde*
à moins que : *tenzij*
avant que : *voordat*
bien que : *hoewel*
jusqu'à ce que : *tot*
pour que : *opdat*
pourvu que : *mits, als maar*
quoique : *hoewel*
sans que : *zonder dat*

TEGENWOORDIGE TIJD IN DE SUBJUNCTIEF

7 Vul de zinnen aan met een hieronder gekozen voegwoord:

a. Je viendrai samedi, ………………………… je ne vienne dimanche.

b. Je t'ai apporté cette couverture …………………………… tu n'aies pas froid.

c. ………………………………… je n'aime pas le poisson, j'ai plutôt apprécié ce dîner.

d. ………………………………… il ne vienne pas avec sa femme. Quelle pimbêche !

e. Je continuerai les leçons ………………… je comprenne toutes les notions.

BIEN QUE   **POUR QUE**   **JUSQU'À CE QUE**

À MOINS QUE   **POURVU QUE**

De subjunctief na werkwoorden en uitdrukkingen die een wens of gevoel weergeven

De subjunctief moet gebruikt worden na o.a.:

demander que : *vragen dat*
désirer que : *verlangen dat*
espérer que : *hopen dat*
préférer que : *verkiezen dat*
souhaiter que : *wensen dat*
vouloir que : *willen dat*
avoir peur que : *bang zijn dat*
craindre que : *vrezen dat*
être content que : *blij zijn dat*
être désolé que : *spijt hebben dat*
être heureux que : *gelukkig zijn dat*
être surpris que : *verbaasd zijn dat*
regretter que : *betreuren dat*

TEGENWOORDIGE TIJD IN DE SUBJUNCTIEF

8 Vul aan met de juiste vervoeging:

a. Je souhaiterais que nous .... (gagner) au loto !

b. Il veut que tu .... (venir) avec ton fiancé.

c. J'ai peur que vous .... (finir) tout le gâteau !

d. Je suis surpris que tu .... (vouloir) retourner dans cet hôtel.

e. Je suis désolé que vous n' .... (avoir) pas fait bon voyage.

De subjunctief na werkwoorden en uitdrukkingen die twijfel of een (on)mogelijkheid weergeven

De subjunctief moet gebruikt worden na o.a.:
douter que : eraan twijfelen dat
Il est douteux que : Het is twijfelachtig dat
Il est impossible que : Het is onmogelijk dat
Il est possible que : Het is mogelijk dat
Il est probable que : Het is waarschijnlijk dat
Il semble que : Het lijkt dat
Il se peut que : Het zou kunnen dat

9 Vul de zinnen aan met een van bovenstaande structuren die een (on)mogelijkheid of twijfel uitdrukken:

a. .... j'aie perdu encore une fois !

b. .... il y ait de l'orage demain. 70 % de probabilité selon le bureau de météorologie.

c. .... nous soyons sélectionnées pour l'équipe nationale ! Cela serait merveilleux !

d. .... ma jambe soit cassée. La radiographie nous en dira plus.

e. .... j'aie la rubéole. Je l'ai eue quand j'étais petit.

TEGENWOORDIGE TIJD IN DE SUBJUNCTIEF

De subjunctief na onpersoonlijke uitdrukkingen

na o.a.:

Il est bizarre que : *Het is vreemd dat*
Il est bon que: *Het is goed dat*
C'est dommage que : *Het is jammer dat*
Il est essentiel que : *Het is essentieel dat*
Il est étonnant que : *Het is verbazend dat*
Il faut que : *Het is nodig dat*
Il est important que : *Het is belangrijk dat*

Il est nécessaire que : *Het is nodig dat*
Il est utile que : *Het is nuttig dat*
Il vaut mieux que : *Het is beter dat*

10 Vervoeg de werkwoorden in de tegenwoordige tijd-subjunctief:

a. Il serait étonnant que je ....**(recevoir)** une lettre d'Olivier. Cela fait des années que je n'ai pas eu de ses nouvelles.

b. C'est dommage que tu ne ....**(boire)** pas de cidre ! C'est tellement bon !

c. Il vaut mieux que nous ....**(aller)** au cinéma demain : ils annoncent de la pluie.

d. Il est bizarre que tu ....**(avoir)** un chien : je croyais que tu étais allergique !

e. Il faut que nous ....**(rendre)** nos livres à la bibliothèque avant samedi.

TEGENWOORDIGE TIJD IN DE SUBJUNCTIEF

Andere toepassingen van de subjunctief

- na een superlatief: **C'est le meilleur livre que j'aie jamais lu !** (*Het is het beste boek dat ik ooit gelezen heb!*)

- na onbepaalde uitdrukkingen zoals **où que** (*waar ook*), **qui que** (*wie ook*), **quoi que** (*wat ook*), **quel que** (*welk(e) ook*): **Où que tu sois, je te trouverai !** (*Waar je ook bent, ik zal je vinden!*)

- na werkwoorden die geloven of denken uitdrukken, zoals **croire, penser,** in de ontkennende vorm: **Je ne pense pas qu'il soit allé au théâtre**. (*Ik denk niet dat hij naar het theater is gegaan.*)

  Vul de zinnen aan:

a. C'est le meilleur film que j' .... jamais vu !

b. .... tu ailles, je penserai à toi.

c. .... tu fasses, je t'aimerai toujours.

d. Je ne crois pas qu'il .... allé en ville.

e. Je ne pense pas qu'il .... de viande.

Gefeliciteerd! Je bent klaar met hoofdstuk 18! Tijd om de icoontjes op te tellen en het resultaat over te brengen naar pagina 128 voor je eindevaluatie.

Nog een verleden tijd: *le passé simple*

Nog een verleden tijd: *le passé simple*

- Deze tijd bestaat niet in het Nederlands. In gesproken Frans zal je hem zelden horen, maar in formele schrijftaal wordt hij wel nog gebruikt. Het is een literaire tijd die eenmalige en afgelopen acties in het verleden beschrijft, vooral bij het vertellen van een verhaal, in historische teksten, in vormelijke of journalistieke stijl. Het gebruik ervan is vergelijkbaar met dat van de v.t.t. (*passé composé*), maar dan in formele teksten.

- De meeste werkwoorden zijn regelmatig. De **passé simple** van regelmatige werkwoorden wordt gevormd door de infinitiefuitgang te vervangen door onderstaande uitgangen. Er zijn drie types uitgangen:

	Werkwoorden op -er	De meeste werkwoorden op -ir Sommige werkwoorden op -re of -oir	Andere
Je/J'	*regard* -ai	*fin* -is	*voul* -us
Tu	*regard* -as	*fin* -is	*voul* -us
Il/Elle	*regard* -a	*fin* -it	*voul* -ut
Nous	*regard* -âmes	*fin* -îmes	*voul* -ûmes
Vous	*regard* -âtes	*fin* -îtes	*voul* -ûtes
Ils/Elles	*regard* -èrent	*fin* -irent	*voul* -urent

❶ Onderstreep in het verhaal alle werkwoorden in de *passé simple*:

Il était une fois un meunier qui, lorsqu'il mourut, légua tous ses biens à ses trois fils. L'aîné hérita d'un moulin, le cadet d'un âne, et le plus jeune, Paul, d'un chat. « Lorsque je l'aurai mangé, soupira-t-il, il ne me restera plus qu'à mourir de faim ! » Mais le chat l'entendit et prépara un plan : « Ne me mangez pas, Maître. Si vous me laissez en vie, je vous apporterai tout ce que vous désirez. » Paul était sceptique, mais fit ce que le chat lui demandait : « Aussi, si quelqu'un vous le demande, vous vous appelez désormais monsieur le Marquis de Carabas », ajouta le chat. Le chat mit de la nourriture dans son sac et s'allongea sur le sol, comme mort.

NOG EEN VERLEDEN TIJD: LE PASSÉ SIMPLE

 Vervoeg de werkwoorden in de *passé simple*:

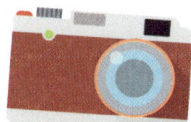

a. La réunion ……………………… (débuter) à 10 heures.

b. Clément et Zoé ………………… (arriver) à l'aéroport à l'heure.

c. Nous ………………… (attendre) pendant des heures. La tension ……………………………………… (monter).

d. Vous ……………………………………………… (partir). La maison ……………………………… (sembler) vide.

e. Je ………… (prendre) beaucoup de photos ce jour-là.

« Avoir » en « être »

Avoir (*hebben*) en **être** (*zijn*) zijn onregelmatig:

AVOIR	ÊTRE
J'eus	Je fus
Tu eus	Tu fus
Il/Elle eut	Il/Elle fut
Nous eûmes	Nous fûmes
Vous eûtes	Vous fûtes
Ils/Elles eurent	Ils/Elles furent

 Gebruik AVOIR in de *passé simple*:

a. Elles ……………………………… soudain très soif.

b. Nous ………… l'idée d'aller au cinéma tous ensemble.

c. Lorsqu'elle ouvrit la fenêtre, j'………………… très froid.

d. Il …………… une peur bleue lorsque la foudre tomba sur la maison voisine !

e. Vous ……………… beaucoup de difficultés à organiser ce voyage.

NOG EEN VERLEDEN TIJD: LE PASSÉ SIMPLE

4 Gebruik ÊTRE in de *passé simple*:

a. Ils .... les premiers soldats américains à Paris.

b. Nous .... très surpris.

c. Louis de Funès .... très célèbre dans les années 1970.

d. Tu .... un des élèves les plus populaires du lycée !

e. Vous .... très heureux de réussir votre examen.

Onregelmatige werkwoorden

Naast alle werkwoorden op **-oir** zijn o.a. de volgende werkwoorden onregelmatig:

aller : j'allai, tu allas, il/elle alla, nous allâmes, vous allâtes, ils/elles allèrent

boire : je bus, tu bus, il/elle but, nous bûmes, vous bûtes, ils/elles burent

connaître : je connus, tu connus, il/elle connut, nous connûmes, vous connûtes, ils/elles connurent

courir : je courus, tu courus, il/elle courut, nous courûmes, vous courûtes, ils/elles coururent

croire : je crus, tu crus, il/elle crut, nous crûmes, vous crûtes, ils/elles crurent

devoir : je dus, tu dus, il/elle dut, nous dûmes, vous dûtes, ils/elles durent

dire : je dis, tu dis, il/elle dit, nous dîmes, vous dîtes, ils/elles dirent

écrire : j'écrivis, tu écrivis, il/elle écrivit, nous écrivîmes, vous écrivîtes, ils/elles écrivirent

faire : je fis, tu fis, il/elle fit, nous fîmes, vous fîtes, ils/elles firent

falloir : il fallut

mettre : je mis, tu mis, il/elle mit, nous mîmes, vous mîtes, ils/elles mirent

prendre : je pris, tu pris, il/elle prit, nous prîmes, vous prîtes, ils/elles prirent

savoir : je sus, tu sus, il/elle sut, nous sûmes, vous sûtes, ils/elles surent

tenir : je tins, tu tins, il/elle tint, nous tînmes, vous tîntes, ils/elles tinrent

venir : je vins, tu vins, il/elle vint, nous vînmes, vous vîntes, ils/elles vinrent

voir : je vis, tu vis, il/elle vit, nous vîmes, vous vîtes, ils/elles virent

NOG EEN VERLEDEN TIJD: LE PASSÉ SIMPLE

5 Onderstreep de ONREGELMATIGE werkwoorden in de *passé simple*:

Le Petit Poucet dut se lever de bon matin et prit le chemin du ruisseau. Il emplit ses poches de petits cailloux blancs et revint ensuite à la maison. Il alla dans une forêt dense. Le bûcheron se mit à couper du bois et les enfants ramassèrent des brindilles. Lorsque les parents virent que les enfants étaient occupés, ils s'enfuirent rapidement. Le Petit Poucet courut partout pour retrouver ses parents mais dut renoncer, tristement.

6 Vervoeg deze onregelmatige werkwoorden in de *passé simple*:

a. Elle .... (**mettre**) sa robe rapidement pour ne pas être en retard !

b. Ils .... (**reconnaître**) le bandit et lui .... (**courir**) après.

c. Je .... (**savoir**) immédiatement que quelque chose lui était arrivé.

d. Nous .... (**aller**) au restaurant après la cérémonie.

e. Vous .... (**devoir**) prendre le train plus tard que prévu suite aux intempéries.

Werkwoorden op -ger en -cer

- Bij werkwoorden op **-ger** (zoals **manger**) verandert de **g** in **ge** en bij die op **-cer** (zoals **lancer**) verandert de **c** in **ç** om de klank te behouden.
- Deze spellingaanpassing gebeurt bij alle personen behalve de 3ᵉ p. mv.:

manger = je man**ge**ai, tu man**ge**as, il/elle man**ge**a, nous man**ge**âmes, vous man**ge**âtes, ils/elles mangèrent

lancer = je lan**ç**ai, tu lan**ç**as, il/elle lan**ç**a, nous lan**ç**âmes, vous lan**ç**âtes, ils/elles lancèrent

NOG EEN VERLEDEN TIJD: LE PASSÉ SIMPLE

7 Vervoeg de werkwoorden in de *passé simple*:

a. Ils .... (**avancer**) dans la neige avec difficulté.

b. Nous .... (**voyager**) pendant deux mois !

c. Il .... (**neiger**) toute la journée et toute la nuit sans interruption.

d. Vous .... (**commencer**) la réunion sans Romain, qui était en retard.

e. Martin .... (**remplacer**) David qui était malade.

f. Vous .... (**nager**) pendant deux heures : quelles athlètes !

8 Regelmatige en onregelmatige werkwoorden. Vul er het kruiswoordraadsel mee in!

Vertikaal
1. J' .... (**habiller**)
2. Nous .... (**tenir**)
3. Ils .... (**finir**)
4. Elle .... (**remplacer**)

Horizontaal
5. Il .... (**hurler**)
6. Nous .... (**boire**)
7. Il .... (**falloir**)
8. Elle .... (**regarder**)
9. Elles .... (**placer**)

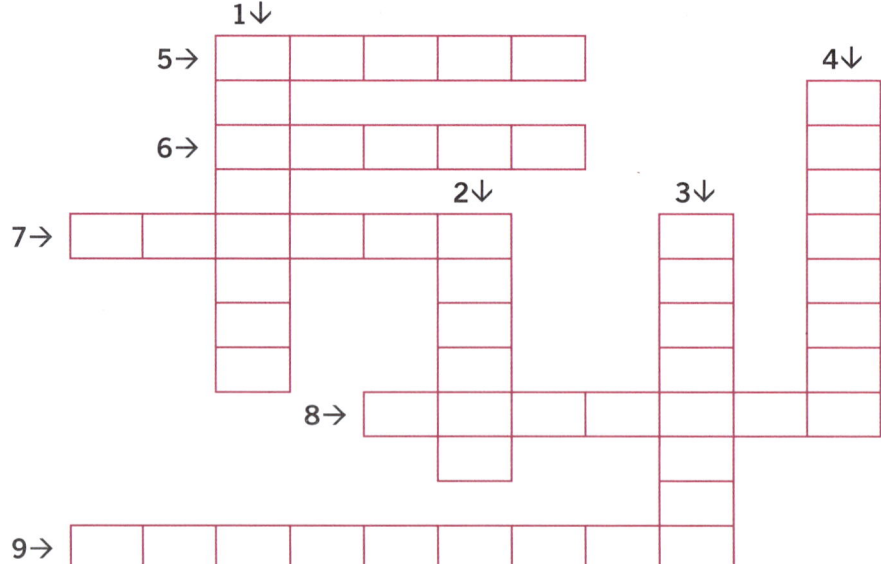

NOG EEN VERLEDEN TIJD: LE PASSÉ SIMPLE

9 La petite poule rousse : vul de zinnen in het verhaal aan met een werkwoordsvorm die je kiest naast de hennen op stok:

Il était une fois une petite poule rousse qui .... de chez elle pour aller en ville. Elle .... la clé dans sa poche mais sa poche avait un trou et la clé .... par terre. La petite poule ne le .... pas et .... son chemin. Maître Renard .... Il n'avait qu'une envie : manger la poulette ! Lorsqu'il .... la clé sur le sol, il la .... et .... ouvrir la porte de la maisonnette.

apparut
sortit
aperçut
vit
couru
poursuivit
mit
ramassa
tomba

Gefeliciteerd! Je bent klaar met hoofdstuk 19! Tijd om de icoontjes op te tellen en het resultaat over te brengen naar pagina 128 voor je eindevaluatie.

20
Herhalingsspelletjes

1 Leuke Franse zinnen en uitdrukkingen - vul ze aan met het passende lidwoord (bepaald of onbepaald):

a. J'ai .... cafard.
→ *lett. > Ik heb de kakkerlak. = Ik voel me depri.*

b. Tu me casses .... oreilles !
→ *lett. > Je breekt me de oren. = Jouw lawaai werkt me op de zenuwen.*

c. Il m'a posé .... lapin !
→ *lett. > Hij heeft me een konijn neergezet. = Hij is niet komen opdagen.*

d. C'est .... fin .... haricots !
→ *lett. > Het is het einde van de bonen. = Dit is het bittere einde.*

e. Arrête de faire .... andouille ! (soort worst)
→ *lett. > Hou op met de worst te maken! = Doe niet zo idioot!*

2 Ontcijfer de volgende anagrammen om beroepsnamen te ontdekken - vertaal ze dan in het Nederlands:

a. preesfousr = un ....
b. canuhetr = un ....
c. veesudne = une ....
d. méecdin = un ....
e. iégienunr = un ....
f. seuvrer = un ....
g. cufifoer = un ....
h. blugeonar = un ....

3 Onderstreep het woord dat niet past in het rijtje:

a. as – est – avez – ont – ai
b. mangé – choisi – fait – étant – porté
c. ton – nous – elles – je – vous
d. Français – Mexique – Australien – Hollandais – Italien
e. bleu – rouge – vert – chat – rose

HERHALINGSSPELLETJES

4 Vul het raster aan met de bijvoeglijke naamwoorden die horen bij de gegeven definities:

Vertikaal
1. Ils sont généreux, prévenants, attentionnés.
2. Contraire de maigre.
3. Il n'arrête pas de parler.
4. Il est beau, mignon.
5. Elle a du chagrin ; elle a envie de pleurer.
6. Il ne rit pas et a l'air grave.
7. Elle est de grande taille.

Horizontaal
8. Elles sont réelles, exactes.
9. Contraire de mauvaise.
10. Qui peut attendre ; persévérant.
11. Contraire de petit.
12. Il est âgé.
13. Certain ou sécurisé.
14. Il cherche à faire du mal.

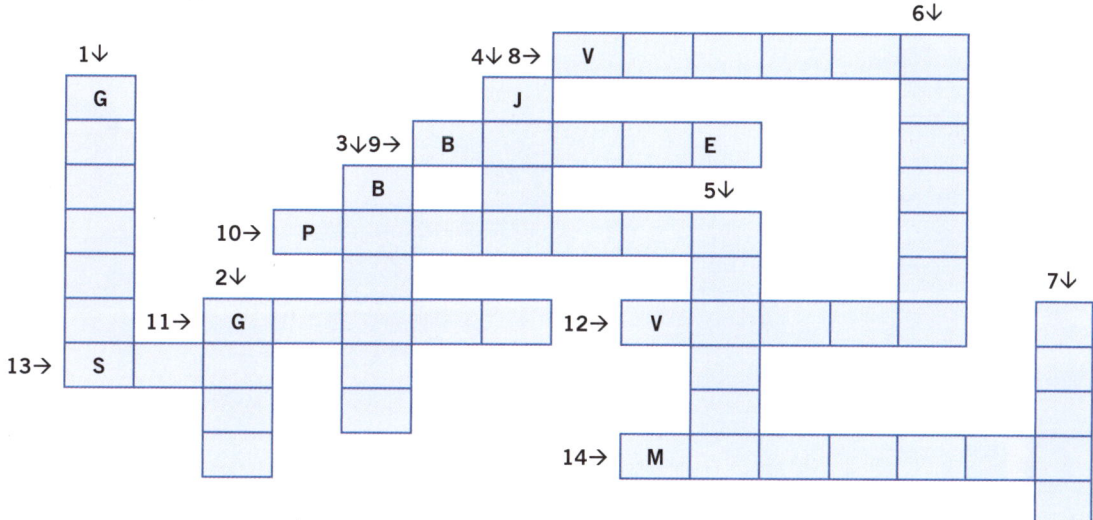

5 Zet de woorden in de juiste volgorde:

a. allé / avec / Quentin / amis / est / cinéma / au / ses :
....

b. l' / grand / faire / Je / un / pense / prochaine / voyage / année :
....

c. une / Ils / pour / anniversaire / organiseront / Marion / fête / d' :
....

d. lorsque / faisais / porte / la / la / as / à / Je / sieste / frappé / tu
....

e. dès / travail / commencera / Eva / retour / le / son
....

HERHALINGSSPELLETJES

6 Hoe goed herinner je je de regelmatige en onregelmatige vervoegingen? Vul de kolommen aan:

Werkwoord	Présent	Passé composé	Futur	Conditionnel	Imparfait
Regarder	Je regarde	J'	Je regarderai	Je	Je ....
Faire	Tu	Tu	Tu feras	Tu	Tu faisais
Vendre	Il vend	Il	Il	Il vendrait	Il ....
Finir	Nous	Nous avons fini	Nous finirons	Nous	Nous ....
Boire	Vous	Vous	Vous boirez	Vous	Vous buviez
Aller	Elles vont	Elles	Elles	Elles iraient	Elles ....

7 Welke klok past bij welke zin?

Il est une heure trente.
Il est quatre heures et demie.
Il est onze heures moins le quart.
Il est deux heures et quart.
Il est midi.
Il est huit heures moins dix.
Il est trois heures vingt-cinq.

01:30
12:00
02:15
10:45
04:30
07:50
03:25

8 Vind onderstaande woorden terug in het raster:

Ainsi
Néanmoins
Pourtant
Mais
Aussi
Car
Donc
Quand
Quoique
Lorsque
Comme
Toutefois

R	E	H	A	C	O	M	M	E	P
G	A	T	I	S	S	O	N	L	O
A	B	O	N	N	U	G	M	O	U
Q	Y	N	S	A	C	I	O	R	R
B	U	K	I	U	J	A	V	S	T
G	Q	O	X	D	Q	F	R	Q	A
M	U	S	I	R	O	I	L	U	N
O	A	B	M	Q	C	N	A	E	T
M	N	X	B	E	U	O	C	Q	L
A	D	O	L	G	F	E	R	A	I
I	T	O	U	T	E	F	O	I	S
S	R	D	J	A	U	S	S	I	A
N	E	A	N	M	O	I	N	S	O

HERHALINGSSPELLETJES

9 Vorm een zin met een element uit elke kolom:

Vb.: Elles	as compris	au cinéma hier.
a. J'	a été	ma tarte aux pommes ?
b. Il	sommes partis	toute la nuit !
c. Vous	ai rêvé	à 8 heures.
d. Tu	avez aimé	l'exercice de grammaire ?
e. Nous	ont dansé	que je gagnais au loto !

dus: Elles ont dansé toute la nuit !

a. ....
b. ....
c. ....
d. ....
e. ....

10 Getallen in cijfers en letters staan door elkaar. Zet ze opnieuw samen:

1. 46
2. 99
3. 318
4. 72
5. 502
6. 152
7. 1008
8. 683

a. cent cinquante-deux
b. cinq cent deux
c. quarante-six
d. six cent quatre-vingt-trois
e. mille huit
f. trois cent dix-huit
g. soixante-douze
h. quatre-vingt-dix-neuf

Gefeliciteerd! Ook hoofdstuk 20 zit er nu op! Tijd om de icoontjes op te tellen en het resultaat over te brengen naar pagina 128 voor je eindevaluatie.

OPLOSSINGEN

1. Alfabet en uitspraak

② **a.** une mère = een moeder – **b.** peut-être = misschien – **c.** Noël = Kerstmis – **d.** une leçon = een les – **e.** le présent = de tegenwoordige tijd, het heden – **f.** tôt = vroeg – **g.** un garçon= een jongen, ober – **h.** le passé = de verleden tijd, het verleden

③ **a.** père – **b.** Noël – **c.** glaçons – **d.** passé – **e.** même

④ **froid** = koud – **porc** = varken(svlees) – **trois** = drie – **vous** = u, jullie – **abricot** = abrikoos – **chez** = bij – **mot** = woord – **chat** = kat, poes – **salut** = hallo, dag – **outil** = werktuig – **estomac** = maag – **beaucoup** = veel – **trop** = te (veel) – **nerf** = zenuw – **deux** = twee

⑤ **Stomme letter:** poule – lourd – froid
Uitgesproken letter: Turc – œuf – four – ours – hiver

⑦

	Ja	Nee
un_homme	✓	
les élèves	✓	
les haricots		✓
les vieux_éléphants	✓	
le petit_ami	✓	
les_yeux	✓	

⑧

	1	2	3	4	5	6	7	8	9	10
A					M			H		
B		V		B	O	N	J	O	U	R
C		O		E	T			M		A
D		U		A				M		V
E	S	A	L	U	T			E		I
F				C						E
G		F	R	O	I	D		M		
H				U		E	L	E	V	E
I	T	R	O	P		U		R		
J						X		E		

⑨ « Mon **père** est **rentré** hier soir du Venezuela pour fêter **Noël** en famille. Il veut des **festivités françaises** ! C'est **génial d'être** enfin ensemble ! C'est l'heure des cadeaux et des escargots ! Nous allons nous **régaler** ! Quelle **fête** cela sera ! »

2. Lidwoorden en zelfstandige naamwoorden

①

Z. nw.	M	V	Mv.
salon	✓		
chambre		✓	
toilettes			✓
cave		✓	
grenier	✓		
cuisine		✓	

②

Mann. ev.	Vr. ev.	Mann. mv.
un ami	une amie	des amis
un Français	**une Française**	des Français
un marchand	une marchande	des marchands
un marié	une mariée	des mariés
un avocat	une avocate	**des avocats**
un invité	une invitée	des invités

③ **a. La** maison est grande ! – **b. Les** filles sont très jolies ! – **c. Les** enfants sont gentils. – **d. L'**eau est trop froide ! – **e. Le** garçon joue au football. – **f. L'**homme est très grand !

④ Le garçon – La chambre – L'araignée – Les chaussures – Le vent

⑤ **a.** Il y a **un** chat sur le toit. – **b.** As-tu **des** crayons dans ta trousse ? – **c.** Je mange **des** gâteaux tous les jours. – **d.** Il veut **une** guitare pour Noël. – **e.** Nous avons **un** chien.

⑥ « Garçon, s'il vous plaît ! Je voudrais **une** pizza avec **des** champignons, **du** jambon et **de la** sauce tomate. Je veux **la** pizza rapidement car j'ai très faim ! J'aimerais aussi **de l'**eau ! Merci ! »

⑦ **a.** Tu **n'**as **pas** de jardin. – **b.** Nous **n'**avons **pas** d'enfants. – **c.** Ils **n'**ont **pas** de gentils parents. – **d.** Je **n'**ai **pas** de maison. – **e.** Elles **n'**ont **pas** d'amis.

⑧ un avocat = een advocaat – un chanteur = een zanger – un professeur = een leraar – un serveur = een kelner – un cuisinier = een kok – un écrivain = een schrijver –un ingénieur = een ingenieur

⑨

Mannelijk	Vrouwelijk
un vendeur	**une vendeuse**
un musicien	une musicienne
un acteur	**une actrice**
un boulanger	une boulangère
un étudiant	une étudiante
un maître	**une maîtresse**
un paysan	**une paysanne**
un secrétaire	une secrétaire
un dentiste	**une dentiste**
un professeur	**une professeure/un professeur**

3. Persoonlijke voornaamwoorden, *être* en *avoir*

① **a. Tu es** très grande ! – **b. Elle a** quarante-cinq ans. – **c. Nous** sommes Canadiens. – **d. Elles** adorent les araignées ! – **e. Vous** êtes très élégantes !

② **a. Elles** sont au Kenya. – **b. Vous** êtes au cinéma ? – **c. Elle** est heureuse. – **d. Nous** sommes à la boulangerie. – **e. Je** suis allergique au pollen.

③ **a.** Il **est** peintre. – **b.** Nous **sommes** étudiants. – **c.** Elles **sont** actrices. – **d.** Vous **êtes** boulangers ? – **e.** Je **suis** traducteur.

④ **a.** J'**ai** 45 ans. – **b.** Nous **avons** un chien. – **c.** Ils **ont** 3 vélos. – **d.** Tu **as** une moto ? – **e.** Elle **a** 2 maisons.

OPLOSSINGEN

5 **a.** Philippe **est** ingénieur. – **b.** Karine **a** un chien et deux hamsters. – **c.** Clémentine **est** très jolie. – **d.** Nicolas **est** gentil. – **e.** Oriane **a** une belle robe.

6 **a. Elle** est courageuse. – **b. Vous** avez une belle voiture ! – **c. Nous** sommes en Australie. – **d. Ils** sont petits. – **e. Je** suis Belge.

7 **a.** Je **l'**aime ! – **b.** Tu **m'**attends quelques minutes ? – **c.** Elles **nous** ont invités au restaurant. – **d.** Je **vous** ai vus au cinéma. – **e.** Stéphanie **t'**attend depuis une heure.

8 **a.** le train – **b.** Maéva ou Bruno – **c.** la fourchette – **d.** ses cousins ou ses cousines – **e.** toi et ton amie

9 **a.** Il **lui** a dit bonjour. – **b.** Je **vous** ai donné une lettre. – **c.** Marie **nous** pose une question. – **d.** Elle **lui** téléphone tous les dimanches. – **e.** Ton père **t'**a répondu.

10 Crossword:
- 1. OR
- 2. VOUS
- 3. NOUS (with E above, going down: LE/LES)
- 4. NOUS
- 5. LA
- 6. LA
- 7. LUI
- 8. (down: OUS... / VOUS)

5

Vlag	Mann. ev.	Vr. ev.	Mann. mv.	Vr. mv.
	Hollandais	Hollandaise	Hollandais	Hollandaises
	Espagnol	Espagnole	Espagnols	Espagnoles
	Italien	Italienne	Italiens	Italiennes
	Suédois	Suédoise	Suédois	Suédoises
	Irlandais	Irlandaise	Irlandais	Irlandaises
	Norvégien	Norvégienne	Norvégiens	Norvégiennes
	Japonais	Japonaise	Japonais	Japonaises
	Mexicain	Mexicaine	Mexicains	Mexicaines
	Brésilien	Brésilienne	Brésiliens	Brésiliennes
	Allemand	Allemande	Allemands	Allemandes

6

Kleur	Mann. ev.	Vr. ev.	Mann. mv.	Vr. mv.
	violet	violette	violets	violettes
	vert	verte	verts	vertes
	bleu	bleue	bleus	bleues
	orange	orange	orange	orange
	gris	grise	gris	grises
	blanc	blanche	blancs	blanches
	noir	noire	noirs	noires
	rouge	rouge	rouges	rouges
	marron	marron	marron	marron
	rose	rose	roses	roses

4. Bijvoeglijke naamwoorden, aanwijzen en bezit (deel 1)

1

Mann. ev.	Vr. ev.	Mann. mv.	Vr. mv.
Français	Française	**Français**	Françaises
Mexicain	Mexicaine	Mexicains	Mexicaines
Grand	Grande	**Grands**	**Grandes**
Gros	Grosse	**Gros**	Grosses
Poli	**Polie**	Polis	Polies
Beau	Belle	Beaux	**Belles**
Bon	**Bonne**	Bons	Bonnes
Vieux	Vieille	Vieux	Vieilles

2 **a.** Elle est vraiment très **gentille** ! – **b.** Ces chiens sont **méchants**. – **c.** Sois **patient** Sébastien. – **d.** Elles sont vraiment **bavardes** ! – **e.** Oh Marceau, avec un tel sourire, toi, tu es **amoureux** ! – **f.** Ils sont tellement **maladroits** !

3 **a.** Oh, regarde ! Quel **beau** paysage ! – **b.** J'aime beaucoup cette robe **rouge**. – **c.** C'est une fille **jalouse**. – **d.** Quel **joli** tableau ! – **e.** C'était un **long** voyage.

4 **a.** Mon ami est **anglais**. – **b.** Cette fille est **coréenne**. – **c.** Ses parents sont **finlandais**. – **d.** Ce groupe de musique est **canadien**. – **e.** Les joueurs de cette équipe sont **chinois**. – **f.** Les chanteuses de cette chorale sont **américaines**.

7 **a.** De belles chaussures **bleues**. – **b.** De très jolies fleurs **jaunes**. – **c.** De beaux pulls **marron**. – **d.** Une élégante cravate **noire**. – **e.** Un buisson **vert**.

8 **a.** J'ai beaucoup aimé **ce** film ! – **b.** Quelle horreur ! **Cette** pomme était pourrie ! **c. Ces** enfants sont très bruyants. – **d.** Peux-tu me passer **ce** plat, s'il te plaît ? – **e. Cet** homme a une cravate rigolote !

9 **a.** As-tu vu **mon** livre ? Je ne le trouve pas ! – **b. Ses** sœurs sont très grandes ! – **c.** J'adore **leur** chien ! Il est très amusant ! – **d. Son** amie s'appelle Éléanore. – **e. Ton** père est très gentil Anne !

10 **a.** Il a des cheveux bruns/marron. – **b.** Son père est français. – **c.** Leur chat est blanc. – **d.** Elle s'est lavé les cheveux hier. – **e.** Votre maison est très grande !

OPLOSSINGEN

5. Trappen van vergelijking

❶ a. Son chat est **moins rapide que** son chien ! – **b.** Floriane est **aussi jolie que** Martine. – **c.** Ce livre est **plus intéressant que** celui-là. – **e.** Laurent est **moins gentil que** Sylvain. – **f.** Ta maison est **aussi grande que** la mienne.

❷ a. Deze tafel is groter dan die. – **b.** Alexandre is even sportief als Julien. – **c.** Sophie is minder knap dan Karine. – **d.** Julien is even grappig als Lily. – **e.** De blauwe tas is groter dan de zwarte.

❸ a. Elles sont plus **bavardes** que nous. – **b.** Marion est aussi **belle** que Sophie. – **c.** Emmanuel est aussi **intelligent** que Claire. – **d.** Louis et Gabriel sont moins **gentils** que Catherine et Jennifer. – **e.** L'arbre de droite est plus **petit** que l'arbre de gauche.

❹ Bijvoeglijke naamwoorden: Gentil – Belle
Bijwoorden: Rapidement – Mieux – Facilement – Malheureusement

❺ a. rare > **rarement** – **b.** poli > **poliment** – **c.** courageux > **courageuse** > **courageusement** – **d.** prudent > **prudemment** – **e.** parfait > **parfaite** > **parfaitement**

❻ a. C'est **la** plus belle maison du quartier. – **b.** Ce sont les garçons **les plus polis** de la classe ! – **c.** Ce sont **les** robes les plus laides du magasin. – **d.** C'est **le** chien le plus méchant du parc. – **e.** C'est **la** fille la plus jolie du village.

❼ a. Ces fleurs sont les plus **colorées** du jardin. – **b.** Elle est la plus **active** de sa classe. – **c.** Ce bébé est le plus **mignon** que je connaisse. – **d.** Leurs voitures sont les plus **propres** de la rue ! – **e.** Jeanne est la femme la plus **maladroite** !

❽ a. C'est la maison **la** plus chère du quartier. – **b.** Sophie est la fille **la** moins sportive du groupe. – **c.** Jonathan est le garçon le plus rapide **de** son club. – **d.** Les dattes sont les fruits **les** plus sucrés. – **e.** Joséphine est la plus maligne **de** l'école.

❾ a. Élisa est **aussi étourdie que** Vanessa. – **b.** C'est **le meilleur** gâteau du menu. – **c.** Ils sont **plus timides que** leurs parents. – **d.** Audrey est la fille **la plus généreuse** que je connaisse. – **e.** Ce livre est **le pire que** j'aie jamais lu.

6. Zinnen

❶
	Onderwerp	Werkwoord	Voorwerp
a.	Il	mange	du gâteau.
b.	Nous	avons vu	Charles et Simon.
c.	Vous	chantez	une belle mélodie.
d.	Elle	donne	des bonbons.
e.	Nous	aimons	les films de science-fiction.

❷ a. Julie a invité ses amis au restaurant. – **b.** Sylvain a acheté une nouvelle voiture. – **c.** Son pull est très joli. – **d.** Christian voyage souvent en train. – **e.** Léon prend son petit déjeuner à 8 heures.

❸ a. Estelle **n'est plus** malade. – **b.** Martine **n'a ni** chat **ni** chien. – **c.** Stéphanie **n'est pas** méchante. – **d.** Roger **n'a jamais** mangé de calamar. – **e.** Julian **n'a rien** bu hier soir.

❹ a. Achille **n'aime pas** les fraises. – **b.** Violette **ne** joue **jamais** au tennis. – **c.** Romain **n'est pas** blond. – **d.** Séverine **ne** regarde **pas** de film d'aventure. – **e.** Olivier **n'est pas** petit.

❺ a. Est-ce que Ginette aime les poires ? – **b.** Françoise parle-t-elle le chinois ? – **c.** Est-ce que Marine vit en Australie ? – **d.** Peut-il venir me voir ? – **e.** Veut-elle écouter mon CD ?

❻ a. Est-ce qu'il déteste les chats ? – **b.** Est-ce que tu vas au cinéma ? – **c.** Est-ce que vous regardez la télé ? – **d.** Est-ce qu'ils sont allés en Italie ? – **e.** Est-ce qu'elle aime ma confiture ?

❼ a. À quelle heure son train arrive-t-il à la gare ? – **b. Qui** a mangé mon yaourt ? – **c. Combien** ce collier coûte-t-il ? – **d. Comment** es-tu rentré ? – **e. Que** fait-il dans sa chambre ?

❽ a. Comment vas-tu ? – **b.** Où habite-t-il ? – **c.** Combien de temps le film a-t-il duré ? – **d.** Pourquoi Sophie est-elle rentrée ? – **e.** Qui a cassé le vase ?

❾ a. Je ne vais jamais au théâtre. – **b.** Qui a pris mon livre ? – **c.** Quand rentre-t-elle ? – **d.** Je préfère le pantalon bleu. – **e.** Il ne veut pas sortir ce soir.

❿ « Allô, Louise ? **Où** es-tu ? Nous sommes inquiets. Nous **ne** savons **pas** où tu es. **Qu'est-ce que** tu fais ? **Pourquoi** n'as-tu pas téléphoné ? **Ne** recommence **jamais** ! »

7. Aanwijzen en bezit (deel 2), en meer voornaamwoorden

❶ a. Elle **se** réveille à 7 heures tous les matins. – **b.** Je **me** rappelle Bruno. – **c.** Nous **nous** sommes encore disputés. – **d.** Vous **vous** téléphonez souvent ? – **e.** Il ne **s'**est pas rasé ce matin.

❷ a. Elle **se lève** très tôt le mardi matin. – **b.** Je **m'habille** toujours en jean ! – **c.** Il ne **se lave** jamais. Quelle horreur ! – **d.** Nous **nous amusons** beaucoup ! Vive les vacances ! – **e.** Vous **vous couchez** à quelle heure le samedi soir ?

❸ Les montres = Celles – **L'enfant** = Celui – **La chambre** = Celle – **Les jupes** = Celles – **Le manteau** = Celui – **Les livres** = Ceux

❹ a. Celui-ci – **b.** Celle-ci – **c.** Ceux-là – **d.** Celui-là – **e.** Ceux-ci.

❺ a. Que fais-tu dans la cuisine ? – **b. Qui** a pris mon manteau ? – **c. Que** veut-il faire ce soir ? – **d. Qui** est ce jeune homme ? – **e. Qui** a apporté le gâteau ?

❻ « **Quelle** robe veux-tu mettre aujourd'hui ? – Je ne sais pas. Celle qui est jolie. – **Laquelle** ? – La bleue. – Et **quelles** chaussures veux-tu porter ? – Celles qui sont confortables. Mais **lesquelles** ? – Les sandales. Et **quel** chapeau aimerais-tu ? Celui avec une fleur. Merci ! » [lequel] wordt niet gebruikt.

❼ a. J'aime **la leur**. – **b.** J'aime **le sien**. – **c.** J'aime **les nôtres**. – **d.** J'aime **la tienne**. – **e.** J'aime **les siennes**.

OPLOSSINGEN

❽ a. L'enfant **qui** pleurait était perdu. – b. Le dernier film **que** j'ai vu était merveilleux. – c. La tarte **que** maman a préparée est délicieuse ! – d. Je connais la femme **qui** est devant la boutique. – e. Je déteste le parfum **que** tu portes aujourd'hui.

❾ a. Le bébé a pleuré toute la nuit, **ce que** j'ai trouvé fatigant. – b. Il pleut encore, **ce qui** est très ennuyeux. – c. Je t'ai dit de ranger ta chambre, **ce que** je t'ai déjà demandé 3 fois ! – d. Le professeur est absent, **ce qui** signifie que nous pouvons rentrer chez nous. – e. Il a amené des fleurs, **ce que** je trouve très gentil.

❿ a. As-tu des livres? Oui j'**en** ai. – b. Est-il passé au bureau ? Oui, il **y** est allé. – c. As-tu acheté des poires ? Non, je n'**en** ai pas acheté. – d. Avons-nous des stylos noirs ? Oui, nous **en** avons. – e. Jacques était-il au magasin ? Non, il n'**y** était pas.

8. Tellen en tijdsaanduidingen

❶ 8 = **huit** – 14 = **quatorze** – 21 = **vingt et un** – 50 = **cinquante** – 70 = **soixante-dix** – 76 = **soixante-seize** – 80 = **quatre-vingts** – 90 = **quatre-vingt-dix** – 200 = **deux cents** – 2 000 = **deux mille**.

❷ 2 + 5 = **sept** – 10 x 8 = **quatre-vingts** – 9 x 2 = **dix-huit** – 10 000: 10 = **mille** – 51 + 22 = **soixante-treize** – 30 – 9 = **vingt et un** – 35 + 39 = **soixante-quatorze** – 216 : 6 = **trente-six**

❸ 11 = **onze** is verschillend: het is het enige oneven tussen even getallen!

❹ 4ᵉ = **quatrième** – 9ᵉ = **neuvième** – 16ᵉ = **seizième** – 17ᵉ = **dix-septième** – 21ᵉ = **vingt et unième** – 26ᵉ = **vingt-sixième** – 1 000ᵉ = **millième**.

❺ a. quarantième – b. cent vingt-neuvième – c. premier – d. soixantième – e. millième – f. trentième.

❻ Mardi – Jeudi – Samedi – Dimanche.

❼ Février – Avril – Juin – Août – Octobre – Décembre.

❽ a. Ik heb Jean-Philippe eergisteren gezien. – b. Wat heb je de volgende dag gedaan? – c. Wil je naar de bioscoop gaan volgende vrijdag? – d. Ella heeft die film vorige dinsdag gezien. – e. Het is echt mooi weer vandaag!

❾ a. treize heures quinze / et quart – b. seize heures trente – c. quatre heures quarante-cinq / cinq heures moins le quart – d. vingt heures quarante – e. dix heures vingt-cinq.

❿ Lundi à **neuf heures** M. Dupouy doit se rendre à une réunion qui a lieu au bureau. À **midi et demi** il déjeune avec M. Gosseaume à la Brasserie Dijonnaise puis à **quatorze heures dix** il participe à la présentation du nouveau produit de la compagnie. Le soir même à **dix-huit heures vingt-cinq** il prend l'avion pour Paris.

Le lendemain, M. Dupouy a un rendez-vous avec Dr Garrant à **neuf heures trente**, suivi d'une réunion à La Défense à **onze heures**. Il doit déjeuner à Montmartre à **midi vingt** avec son ami Bastian puis se rend à l'aéroport pour son vol de **quatorze heures quinze**. Il dîne avec sa femme, Marie à **dix-neuf heures**.

Le mercredi, M. Dupouy a un déjeuner avec un collaborateur à **huit heures vingt** puis doit se rendre à une conférence à **treize heures quarante-cinq** à Dijon. À **dix-huit heures**, il doit aller à l'école de son fils pour rencontrer l'instituteur.

⓫ a. 90 € – b. 6 pièces de 50 cents – c. 3 lapins et 2 poules – d. 800 minutes (13 heures et 20 minutes).

9. Infinitief en voltooid tegenwoordige tijd

❶ a. manger – b. boire – c. aller – d. dormir – e. vouloir.

❷

	1ᵉ groep	2ᵉ groep	3ᵉ groep
Chanter	✓		
Punir		✓	
Rendre			✓
Écouter	✓		
Pleuvoir			✓
Grandir		✓	
Devenir			✓
Danser	✓		
Apprendre			✓

❸ a. détester > détesté – b. dîner > dîné – c. aimer > aimé – d. écouter > écouté – e. perdre > perdu – f. prendre > pris

❹ a. Hier, nous avons **appris** une nouvelle leçon ! – b. Il m'a **offert** un magnifique bouquet de roses ! – c. Elle a **voulu** rentrer tôt à la maison. – d. Nous avons **pu** rencontrer le chanteur du groupe. – e. Vous avez **fait** vos devoirs ?

❺ a. Elles ont **lu** tous les livres. – b. Elles les ont tous **lus**. – c. Nous avons **copié** toutes les pages. – d. Nous les avons toutes **copiées**. – e. Elle n'a pas **pleuré** longtemps.

❻ a. Elle est **allée** en ville avec Sonia. – b. Clarèle et moi sommes **rentrés** (moi=masc) / **rentrées** (moi=fem). – c. Éléanore et Audrey sont **parties** après le film. – d. Alain n'est pas **arrivé**. – e. Jean-Luc et Jérôme sont **venus** à 18 heures.

❼ a. Ils se sont encore **disputés** ! – b. Elles se sont **échangé** leurs adresses. – c. Elle s'est **coupé** le doigt. – d. Elles se sont **endormies** devant la télé. – e. Ils se sont **regardés** pendant de longues minutes.

❽ 1.c. J'ai gagné la course ! – 2.a. Nous avons vu ta sœur ce matin. – 3.e. Tu es rentrée à quelle heure ? – 4.f. Elles sont allées au marché ce matin. – 5.d. Vous êtes restés au parc toute la journée ? – 6.b. Ils ont rangé leur chambre.

❾ a. Nous avons **regardé** la télévision toute la nuit ! – b. Elles sont **entrées** par la porte de secours. – c. J'ai **mis** la voiture dans le garage. – d. Tu as **vu** l'éclipse hier soir ? – e. Samuel et Laurence ont **écouté** la radio pendant deux heures ! – f. Nous avons **pris** un taxi pour rentrer.

❿ 2.e. Elles ont téléphoné à l'hôtel pour réserver une chambre. – 3.d. Elles ont déposé leurs bagages dans la chambre. – 4.f. Elles ont demandé au concierge l'adresse

OPLOSSINGEN

d'un bon restaurant. – **5.a.** Elles sont restées deux heures au restaurant. – **6.c.** Elles sont rentrées à l'hôtel se coucher.

10. Onvoltooid tegenwoordige tijd en imperatief

❶ **a. Tu** marches vite. – **b. Elles** chantent sous la pluie. – **c. Je/Il** porte des chaussures. – **d. Nous** aidons les sans-abri. – **e. Vous** dansez très bien ! – **f. Je/Elle** pense trop !

❷ **a.** Les touristes **visitent** le musée. – **b.** Tu **portes** une jolie jupe. – **c.** Nous **aimons** la musique classique. – **d.** À quelle heure **arrivez**-vous ? – **e.** Il **chante** très bien.

❸ **a.** Je **travaille** dans l'informatique. – **b.** Tu **visites** ce musée souvent ? – **c.** Il **débute** le travail à 10 heures. – **d.** Nous **dessinons** ce château régulièrement. – **e.** Vous ne **montez** pas les escaliers. – **f.** Elles **parlent** trop vite !

❹ **a.** Nous **achetons** des pizzas tous les samedis. – **b.** Qui **appellent**-ils ? – **c.** Il **jette** ses vieilles chaussures. – **d.** Vous **espérez** encore voir Brad Pitt ! – **e.** Nous **envoyons** la lettre.

❺ **a.** Nous **commençons** la réunion à 10 heures. – **b.** Je **préfère** le pain complet. – **c.** Nous **mangeons** au restaurant ce midi. – **d.** Tu te **rappelles** le dernier livre que tu as lu ? – **e.** Elle lui **envoie** une lettre chaque semaine.

❻ **a.** Tu **choisis** d'étudier l'anglais ? – **b.** Nous **réussissons** toujours les examens d'histoire. – **c.** Elle **maigrit** à vue d'œil ! – **d.** Jacques **punit** souvent son fils. – **e.** Vous ne **réfléchissez** pas assez !

❼ **a.** Je **choisis** toujours la mauvaise caisse au supermarché ! – **b.** Nous **finissons** souvent avant le reste de la classe. – **c.** Vous **bâtissez** une nouvelle maison ? – **d.** Ils **réussissent** toujours à éviter de faire la vaisselle ! – **e.** Tu **remplis** trop mon verre !

❽ **a.** Tu **descends** au prochain arrêt ? – **b.** Vous **perdez** toujours de l'argent au casino ! – **c.** Sophie et Marc **vendent** de très jolies fleurs dans leur magasin. – **d.** Nous **défendons** souvent notre sœur. – **e.** Ils n'**entendent** pas la cloche de l'église !

❾ **a.** Où **mets**-tu les sacs de voyage ? – **b. Savez**-vous à quelle heure part le train ? – **c.** Nous **voulons** voyager en avion cette fois-ci. – **d. Peux**-tu porter cette valise, s'il te plaît ? – **e.** Nous **devons** aller au terminal 1 ou au terminal 2 ? – **f.** Je ne **vois** pas notre porte de départ !

❿ **a.** Je **me** douche tous les matins. – **b.** Elle **se** brosse les dents deux fois par jour. – **c.** Nous **nous** lavons les mains constamment ! – **d.** Vous **vous** rongez encore les ongles ! – **e.** Ils **s'habillent** à 7h15 tous les jours.

⓫ **a. Écoute** le professeur ! – **b.** Ne **regardez** pas par la fenêtre, mais **lisez** votre livre ! – **c. Arrête** de parler avec ton voisin ! – **d. Rendons** nos copies. Le test est terminé. – **e. Prenez** vos livres et **ouvrez**-les à la page 47.

⓬ **a.** Apprends-le. – **b.** Rangez-les – **c.** Prends-la – **d.** Éteignons-les – **e.** Accrochez-le.

11. Toekomende tijd

❶ **a.** Je **mettrai** mon maillot de bain. – **b.** Nous **descendrons** au restaurant. – **c.** Le serveur nous **servira** notre cappuccino.– **d.** Tu **mangeras** une salade de fruits frais. – **e.** Nous nous **baignerons** dans l'océan turquoise.

❷ **a.** Nous **danserons** toute la nuit ! – **b.** Vous **choisirez** quoi comme vin, messieurs-dames ? – **c. Prendras**-tu de l'eau ? – **d.** Elles **chanteront** longtemps à la soirée karaoké. – **e.** Il **rentrera** tard, c'est sûr !

❸ **1.c.** L'**enverras**-tu à Stéphanie ? – **2.b.** Que **ferons**-nous demain ! – **3.a. Viendrez**-vous à nouveau l'année prochaine ? – **4.b. Saurez**-vous retrouver la route ? – **5.c.** Où **irons**-nous après le restaurant ?

❹ **a.** […], je **serai** à la plage ! – **b.** Sandrine, **auras**-tu ton téléphone […] ? – **c.** Vous **verrez** ! […] – **d. Pourrons**-nous faire garder notre petite-fille – **e.** Nos filles **iront** en excursion la semaine prochaine !

❺ « Marie est très heureuse. Demain, Charles **arrivera** par le train, un bouquet à la main, prêt à l'épouser. Ils **se regarderont** et à cet instant précis, **se reconnaîtront**, pour la vie. […] Ils **voyageront** autour du monde, **visiteront** tous ces pays dont ils ont parlé sans se lasser. Ils **pourront** parler sans interruption. Qui sait ? Ils **se marieront** ; **auront** des enfants, peut-être. Et **vivront** dans la paix,[…]. Ils **seront** ensemble, unis, contre tous. »

❻ **a.** Je vais – **b.** Tu vas – **c.** Il/Elle va – **d.** Nous allons – **e.** Vous allez – **f.** Ils/Elles vont.

❼ **a.** Nous **allons** voir le nouveau film ! – **b. Allez**-vous assister au spectacle ? – **c.** Je ne **vais** pas manger chez Chloé demain midi. – **d.** Il **va** encore manger du chocolat en cachette ! – **e.** Quand **vas**-tu aller poster les cartes de Noël ?

❽ **a.** Dépêchez-vous ! Le spectacle **va commencer** ! – **b.** Ta voiture est en panne ? Pas de problème ! Je **vais te conduire** au garage. – **c.** Le ciel se couvre : je pense qu'il **va pleuvoir**. – **d.** Les Lagrange **vont visiter** le Vietnam au mois d'août. – **e. Allez-vous partir** en vacances cette année ?

❾ **a.** Je **ne vais pas** suivre des cours à l'université l'année prochaine. – **b.** Julie **ne va pas** passer son permis de conduire la semaine prochaine. – **c.** Elles **ne vont pas** se promener en ville cet après-midi. – **d.** Vous **n'allez pas** rentrer à dix heures ce soir ? – **e.** Tu **ne vas pas** rester à la maison demain ?

❿ **a.** Je **partirai** quand Alexandre **arrivera**. – **b.** Dorian **va aller** chez son frère demain après-midi. – **c.** Élise **sera** déçue lorsqu'elle **apprendra** que Corentin ne vient pas. – **d.** Nous **viendrons** tous en vacances avec vous l'année prochaine ! – **e.** Que **feras**-tu demain à cette heure-ci ?

12. Onvoltooid verleden tijd en voorwaardelijke wijs

❶ **a.** Nous partons → Je partais – **b.** Nous aimons → Ils aimaient – **c.** Nous croyons → Tu croyais – **d.** Nous prenons → Vous preniez – **e.** Nous faisons → Elle faisait.

❷ **a.** Il **faisait** nuit lorsque l'avion a atterri.– **b.** Nous **allions** à la plage tous les matins ! – **c. Vouliez**-vous nous voir avant de partir ? – **d.** Je **me sentais** très fatigué. – **e.** Vous **habitiez** tous ensemble ? Vous **deviez** être à l'étroit ! [cuisinait] wordt niet gebruikt.

OPLOSSINGEN

❸ a. Je **savais** que vous **étiez** en France ! – b. Il **pensait** que tu **avais** deux chats ! – c. Nous **avions** les cheveux blonds quand nous **étions** petits. – d. **Mangeais-**tu des pâtes à 3 heures ce matin ? – e. Avant, Caroline **appelait** sa sœur tous les soirs.

❹

	Passé composé	Imparfait
a. Je suis allée au théâtre.	✓	
b. Il préparait un gâteau au chocolat.		✓
c. Nous mangions au restaurant.		✓
d. Stéphane a vu un renard dans le pré.	✓	
e. Marie-Luce dormait à poings fermés.		✓
f. Gwendolyne s'est promenée au parc.	✓	
g. Vous avez regardé le film hier soir ?	✓	
h. Je lisais mon livre tranquillement.		✓

❺ a. Je **faisais** la sieste lorsque la voisine **a sonné** à la porte. – b. Lorsqu'il **est rentré**, Audrey **regardait** la télévision. – c. Il **se rendait** à la banque quand il l'**a rencontrée**. – d. Elles **étaient** en vacances et elles **ont acheté** de très jolis vêtements. – e. Le chat **s'apprêtait** à bondir lorsque l'oiseau **s'est envolé**.

❻ 1.e. Je visitais l'Italie lorsque j'ai rencontré Lorenzo. – 2.c. Je garais la voiture quand la Peugeot m'est rentrée dedans ! – 3.f. Elle plantait de la menthe quand elle s'est fait piquer par une araignée. – 4.b. Passais-tu ton examen lorsque tu t'es évanouie ? – 5.a. Il redescendait la montagne quand il est tombé. – 6.d. Vous faisiez du ski lorsque vous vous êtes rencontrés ?

❼ a. Je **partirais** en vacances demain ! – b. Julian **finirait** sa toile s'il avait le temps ! – c. Avec des « si » on **mettrait** Paris en bouteille ! – d. Martine **préférerait** prendre le train. – e. Hélène et Simon **vendraient** leur maison !

❽ a. Si tu **parlais** moins, tu **finirais** plus vite ! – b. Vous vous **amuseriez** vraiment si vous **veniez** en vacances ! – c. Si Luc le lui **demandait**, Aline **aimerait** beaucoup l'épouser ! – d. Nathan **serait** heureux si Julie lui **écrivait** une lettre.

❾ a. Je **verrais** mieux si tu allumais la lumière ! – b. Lucas **devrait** arrêter de courir. – c. Il **faudrait** un miracle ! – d. Il **gagnerait** la course. – e. Louise **donnerait** tout ce qu'elle a pour une glace – f. Nous **serions** déjà arrivés s'il n'y avait pas tant de circulation.

❿ a. Je **préparais** le dîner lorsque Samuel **est arrivé**. – b. Si tu **faisais** un effort, tu y **arriverais** ! – c. Vous **verriez** la chenille si vous **regardiez** de plus près. – d. Nous ne **pourrions** pas comprendre, même si nous **essayions**. – e. J'**écoutais** la radio lorsque la nouvelle **est tombée**.

13. Voorzetsels

❶ a. Anne et Marie se sont cachées **sous** la table ! – b. Vas-tu **chez** tes parents **à** Pâques ? – c. Edwige part **à** Tours **avec** ses enfants cet après-midi. – d. Guy est allé **dans** la forêt cueillir des champignons. – e. Elles sont parties **pendant** une heure.

❷ a. Nous allons **au** Brésil le mois prochain ! – b. Julien voudrait se rendre **en** Inde pour les vacances. – c. Nadia vit **aux** Émirats Arabes Unis. – d. Pablo est-il né **en** Espagne ou **au** Portugal ? – e. J'adorerais passer Noël **aux** Fidji ! – f. Kate retourne bientôt **en** Angleterre. – g. Tu vas **à** Lille après-demain ?

❸ a. Aden vit **à** Marrakech **au** Maroc. – b. Acha vit **à** Yaoundé **au** Cameroun. – c. Éléanore vit **à** Besançon **en** France. – d. Aiko vit **à** Tokyo **au** Japon. – e. Eeva vit à Helsinki **en** Finlande.

❹ a. La balle est tombée **en bas des** escaliers. – b. Le poulet est **dans** le frigo. – c. Le chat de la voisine est coincé **en haut de** l'arbre ! – d. Ton cochon d'Inde se cache encore **sous** le canapé […] ! – e. Pourquoi as-tu garé la voiture **devant** le garage […] ?

❺ a. Le restaurant est-il **loin** de la maison ? […] – b. La boulangerie se trouve **entre** la boucherie et le café. – c. Les toilettes sont tout de suite **en haut** des escaliers […]. – d. Je crois que le gâteau est **sur** la table de la cuisine. – e. […] Il y a une énorme araignée **derrière** toi !

❻ a. As-tu mis ma chemise **dans** le sac de voyage ? – Oui, elle est **dedans** ! – b. Regarde ! Hélène est assise **à côté de** Sébastien ! – c. Où est garée la moto ? – Elle est garée là, **à gauche**. – d. Les clés sont **en dessous de** la valise. – e. Oh non ! La maison est encore **loin** !

❼ a. Je suis arrivé en retard **à l'**école ce matin. – b. Vas-tu **à** la fête du village samedi prochain ? – c. Ils sont allés **chez** Caroline hier soir. – d. Stéphanie a rendez-vous **chez** le médecin vendredi matin à 9h30. – e. Elles sont arrivées **aux** urgences vers minuit. – f. Il vient d'arriver **au** bureau.

❽ 1. Je vais : à l'école. – à la pêche avec mon frère ! – au mariage de Maé et Joris. – aux vendanges !
2. Je sors de la boîte de nuit ! – du cours de guitare. – de l'opéra. – du cinéma.

❾ a. Nous allons aller à la plage **pendant** les vacances ! – b. Le train arrive **dans** une heure ! – c. Il habite à Paris **depuis** 2002. – d. La famille Charlet déménage **en** septembre. – e. Ils parlent **pendant** des heures quand Jonathan téléphone ! – f. Il fait beau **depuis** le milieu de l'été.

OPLOSSINGEN

10

Crossword:
- 2. VERS
- 3. DURANT
- 4. AVANT
- 5. DANS
- 6. DEPUIS
- 7. APRÈS
- 8. ENTRE
- 9. ESS...
- 10. PENDANT

(Crossword grid with: 4.AVANT across, 2.VERS across, 3.DURANT across, 5.DANS across, 6.DEPUIS down, 7.APRÈS down, 8.ENTRE down, 9. down, 10.PENDANT down)

11 1.f. **Au sujet de, à propos de** = over, in verband met – **2.d. Avec** = met – **3.c. Contre** = tegen – **4.a. Malgré** = ondanks – **5.h. Par** = door – **6.b. Quant à** = wat betreft – **7.i. Sans** = zonder – **8.e. Sauf** = behalve – **9.g. Selon** = volgens.

12 a. Fais attention **aux** trous ! – b. Julian joue **de la** guitare. – c. Tu commences **à** comprendre cet exercice ! – d. J'ai oublié **de** fermer la porte d'entrée ! – e. Je me souviens **du** jour où la foudre est tombée sur ta maison !

14. Bijwoorden

1 a. prudemment – b. joliment – c. malheureusement – d. constamment – e. gentiment – f. joyeusement – g. profondément

2 a. Luc est **tellement** fatigué. – b. Je ne vais pas **souvent** au théâtre. – c. Il a **beaucoup** grandi cette année. – d. Vous êtes **très** gentils. – e. Il est entré **silencieusement** dans la maison.

3 a. C'est le **meilleur** film de l'année ! – b. Louis m'a posé la question **gentiment**. – c. Est-ce un **bon** dessert ? – d. Vous allez **bien** ? – e. Karine va beaucoup **mieux** aujourd'hui.

4 a. Je pars **souvent** en voyage. – b. Je travaille **toujours** avec des enfants. – c. Je travaille **parfois** avec un ordinateur. – d. Je rencontre **souvent** des gens. – e. Je bavarde **généralement** avec mes clients.

5 a. Il n'y va **jamais**. – b. Elle n'y va que très **rarement**. – c. Nous regardons **toujours** les programmes du soir ensemble ! – d. Pas très **souvent**, mais quelquefois il y a un spectacle intéressant. – e. Elle en sort **généralement** à 16h30.

6 a. Nous devons nous lever **tôt**. – b. Des nuages sont apparus, **puis** le vent s'est levé. – c. Viens **tout de suite** ! – d. Ne pleure pas Edwige, ta maman va rentrer **bientôt**. – e. J'ai rencontré Carla **il y a** cinq ans et nous ne nous sommes pas quittés depuis ! – f. Je viens **souvent** ici. – g. J'en cuisine **rarement**.

7 a. Non, je l'ai cherché **partout** mais ne l'ai trouvé **nulle part**. – b. Allez donc jouer **dehors** avec le ballon ! – c. J'ai cherché Domino dehors et il était **à l'intérieur** ! – d. Elle est **là-bas**, à côté des arbres ! Elle était vraiment **loin** ! – e. Mais, je ne suis pas à l'étage, je suis **en bas** !

8 a. Il y a **trop de** sucre. – b. Il y a **assez de** lait dans mon café. – c. Il y avait très **peu de** gens présents. – d. Oui, j'aimerais **plus de** sucre dans mon café, s'il vous plaît. – e. Il y a **beaucoup de** gâteaux et ils sont tous appétissants !

9 a. **Où** est Thomas ? – b. **Comment** es-tu allé à Dijon ? – c. **Qui** est avec Florence ? – d. **Quand** venez-vous nous voir ? – e. **Pourquoi** es-tu en colère ?

10 a. Ma grand-mère conduit si **lentement** ! – b. Il va **toujours / souvent** au travail en vélo. – c. Tu as **probablement** raison. – d. Je n'en mange **jamais**. – e. **Malheureusement**, Jennifer et Océane ne pourront pas venir à ton anniversaire. – f. Julien est **vraiment** très généreux. – g. J'ai **bien** compris.

15. Werkwoorden

1 a. **Devez**-vous aller à l'école demain ? – b. Nous ne **pouvons** pas manger ou boire ici. – c. **Puis**-je utiliser les toilettes, s'il vous plaît ? – d. Elles **doivent** rentrer à 10 heures. – e. Tu **veux** venir avec nous au cinéma ? – f. Il **veut** visiter l'Écosse.

2 a. Camille **peut** venir à la maison cet après-midi ? – b. Vous **devez** ôter vos chaussures avant d'entrer. – c. Je **dois** étudier pour cet examen ! – d. Nous **devons** faire les courses pour le week-end. – e. Elles **peuvent** nous entendre !

3 1.d. Sortez les skis ! Il neige ! – 2.a. Je dois trouver mon parapluie ! Il pleut ! – 3.e. Il faut mettre les manteaux ! Il fait froid ! – 4.b. Nous pouvons sortir en tee-shirt ! Il fait beau ! – 5.c. Peux-tu me donner un verre d'eau ? Il fait chaud !

4 a. Je crois que tu as raison. – b. Il fait très beau aujourd'hui ! – c. C'est l'été ! Il fait très chaud ! – d. Il vaut mieux avoir un portable ! – e. Il n'y a pas beaucoup de monde / de gens ici.

5 a. Heb je het koud? – b. Ik heb erge honger. – c. We hebben ongelijk. – d. Ik ben 41 (jaar). – e. U hebt / Jullie hebben geluk.

6 a. Tu as raison ! Il pleut ! – b. J'ai vraiment froid ! Ferme la fenêtre ! – c. Nous avons de la chance ! Nous avons gagné / On a gagné ! – d. Quel âge a-t-elle ? – Elle a 26 ans. – e. As-tu faim ?

7

Zin	T	I
a. Nous mangeons une pizza tous les vendredis.	✓	
b. Sabine écoute une chanson.	✓	
c. Corinne parle à ses amis.		✓
d. Tu réponds à tante Colette ?		✓
e. Je bois du café tous les matins.	✓	

8

Zin	L	M
a. J'ai donné mon livre.	✓	
b. Elle téléphone à Alice.		✓

OPLOSSINGEN

c. Nous écrivons à nos parents.		✓
d. Tu chantes cette chanson.	✓	
e. Nous pensons à nos vacances.		✓

❾ a. lançant – b. aimant – c. achetant – d. voyant – e. maigrissant – f. venant – g. s'habillant.

16. Voegwoorden

❶ a. Je suis passé chez toi, mais tu n'étais pas là. – b. Soit tu viens avec nous, soit tu ne viens pas [...] – c. Marion pense cuisiner un bœuf bourguignon ou un navarin. – d. La voiture est au garage donc je ne pourrai pas venir te voir ce matin. – e. Je ne me sens pas très bien, cependant j'essaierai d'aller en cours.

❷ a. Julien se pose des questions à savoir si la maison sera vendue. – b. Laetitia n'aime pas skier, c'est pourquoi elle reste au chalet. – c. Florian ne s'énerve jamais, au contraire il reste toujours serein. – d. Marine n'aime pas le chocolat, pourtant elle a fait [...]. – e. Maxime lui fait confiance, cependant il a un doute. – f. Je suis au lit car je suis malade.

❸ a. Claudette a pris un parapluie au cas où il pleuve. – b. Bien que Pierre ait peur de l'eau, ils sont allés en vacances au bord de la mer. – c. Comme les enfants n'aiment pas la télévision, j'ai apporté des jeux de société. – d. Je partirai lorsque le film sera fini. – e. Depuis que j'ai 18 ans, je me sens beaucoup plus libre !

❹ a. Aussitôt que = Dès que – b. Comme = Puisque – c. Lorsque = Quand – d. Bien que = Quoique.

❺ a. Depuis que je suis en retraite, [...] ! – b. Si tu vas en ville demain, préviens-moi ! – c. Bien que les chiens me fassent peur, [...] ! – d. Quand tu arriveras, [...]. – e. Quoi que nous disions, [...].

❻ Premièrement / D'abord / Tout d'abord = ten eerste, eerst – En premier lieu = in/op de eerste plaats – Deuxièmement = ten tweede – Ensuite / Puis = dan

❼ D'un côté... de l'autre = aan de ene kant... aan de andere – D'une part... d'autre part = enerzijds... anderzijds – Ou... Ou = of... of... – Par ailleurs = overigens – En outre = bovendien

D'un autre côté = anders bekeken – Par contre = daarentegen – En revanche = daarentegen – Au contraire = in tegendeel

❽ Ainsi = zo, aldus – Par exemple = bijvoorbeeld – Notamment = namelijk – En particulier = in het bijzonder

❾ Finalement / Enfin = ten slotte, eindelijk, kortom – En conclusion / pour conclure = tot besluit / om te besluiten – En résumé = samengevat – En bref = in het kort – Pour finir = om te eindigen, uiteindelijk

❿ a. D'un côté, tu pourrais penser [...], mais de l'autre [...]. – b. Je n'aime pas certains gâteaux : par exemple, le mille-feuille [...]. – c. Premièrement, j'aimerais présenter [...]. – d. D'abord on travaille ; ensuite on s'amuse ! – e. Elle a pris son parapluie ; elle sera ainsi protégée de la pluie.

17. Passieve vorm

❶

	Actieve	Passieve
a. La vaisselle est faite par Joël.		✓
b. Catherine range le garage.	✓	
c. Le chat est brossé par Manon.		✓
d. Cette lettre est écrite par mon arrière-grand-mère !		✓
e. Mon père a peint cette toile.	✓	

❷ a. Notre maison est construite [...]. – b. Les haricots sont plantés par Julien. – c. Nous sommes accueillis [...]. – d. Vous êtes poursuivis [...] ! – e. Tu es invitée par Ella.

❸ a. Ces tartes sont préparées [...] – b. L'arbre de Noël est décoré par les enfants. – c. Le président français est accueilli par le premier ministre anglais. – d. Les voleurs sont arrêtés par la police. – e. Les commandes sont prises par la serveuse.

❹ a. Cette sculpture a été réalisée [...]. – b. Ce livre a été écrit [...]. – c. La voiture a été vendue [...]. – d. Ces crevettes ont été préparées [...]. – e. Le ciel a été illuminé [...].

❺ a. On a réparé le bateau. – b. On a changé le numéro. – c. On a ouvert le magasin. – d. On a cassé le vase. – e. On a bâti la maison.

❻ a. Comment cela se dit-il en anglais ? – b. Le vin blanc se sert très frais. – c. Cela ne se fait pas. Ce n'est pas poli. – d. Ce plat se mange chaud et accompagné de haricots blancs. – e. Les toilettes se trouvent au fond du couloir.

❼ a. Une pomme a été mangée par Caroline – b. La Joconde a été peinte par Léonard de Vinci. – c. Le ver de terre a été mangé par l'oiseau. – d. Les jonquilles ont été plantées par Daniel. – e. L'appartement a été décoré par Mathilde.

❽

	Actieve	Passieve
Les cambrioleurs ont été surpris par les policiers.		✓
Notre président était respecté de tous.		✓
On interdit l'utilisation des téléphones portables dans la salle d'attente.	✓	
Ce fruit ne se mange pas.	✓	
Karine est très appréciée de ses collègues.		✓

❾

Werkwoord	Ja	Nee
Demander quelque chose à quelqu'un		✓
Construire quelque chose pour quelqu'un	✓	
Aller quelque part		✓
Admirer par quelqu'un	✓	
Promettre quelque chose à quelqu'un		✓
Monter les escaliers		✓

| Manger quelque chose | ✓ | |
| Tomber par terre | | ✓ |

18. Tegenwoordige tijd in de subjunctief

❶ a. Il faut que je **réussisse** [...]. – b. [...] avant que Jean vienne me chercher. – c. Pourvu que nous **vendions** [...]. – d. [...] que tu **agrandisses** [...] ! – e. [...] que tu **prennes** [...].

❷ a. [...] que je **mange** [...]. – b. [...] que tu **écoutes** la radio. – c. [...] qu'elle **maigrisse** très vite. – d. [...] que nous **mettions** la table. – e. [...] que vous **perdiez** [...]. – f. [...] qu'ils **choisissent** toujours les bonnes cartes.

❸ a. [...] que tu **sois** [...]. – b. [...] que nous **soyons** [...]. – c. que vous **soyez** à l'heure. – d. [...] que je **sois** [...]. – e. [...] qu'elle **soit** [...]. – f. Bien qu'ils **soient** [...].

❹ a. Bien que je n'**aie** [...]. – b. Il faut que tu **aies** [...]. – c. [...] qu'elle **ait** [...]. – d. [...] qu'ils **aient** [...]. – e. [...] que vous **ayez** [...]. – f. [...] que nous **ayons** [...].

❺ a. [...] que vous **veniez** [...]. – b. [...] que tu **saches** [...]. – c. [...] que tu **fasses** [...]. – d. [...] que vous **deviez** [...]. – e. [...] que ton père **prenne** [...]. – f. [...] que tu **ailles** [...].

❻ a. [...] que vous **buviez** [...] ! – b. [...] qu'ils **aillent** [...]. – c. [...] que tu **reçoives** [...]. – d. [...] que tu **tiennes** [...]. – e. [...] que vous **fassiez** [...].

❼ a. Je viendrai samedi, **à moins que** [...]. – b. J'ai apporté cette couverture **pour que** [...]. – c. **Bien que** je n'aime pas [...]. – d. **Pourvu qu'**il ne vienne pas [...]. – e. Je continuerai les leçons **jusqu'à ce que** [...].

❽ a. [...] que nous **gagnions** [...]. – b. [...] que tu **viennes** [...]. – c. [...] que vous **finissiez** [...]. – d. [...] que tu **veuilles** [...]. – e. [...] que vous **ayez** [...].

❾ a. **Il est impossible que** j'aie perdu [...]. – b. **Il est probable qu'**il y ait [...]. – c. **Il est possible que** nous soyons sélectionnés [...]. – d. **Il est possible que** ma jambe soit cassée. – e. **Il est douteux que** j'aie la rubéole.

❿ a. Il serait étonnant que je **reçoive** [...]. – b. C'est dommage que tu ne **boives** pas de cidre. – c. Il vaut mieux que nous **allions** au cinéma. – d. Il est bizarre que tu **aies** un chien [...]. – e. Il faut que nous **rendions** nos livres [...].

⓫ a. C'est le meilleur film que j'**aie** jamais vu ! – b. Où que tu ailles [...]. – c. Quoi que tu fasses [...]. – d. Je ne crois pas qu'il **soit** [...]. – e. Je ne pense pas qu'il **mange** de viande.

19. Nog een verleden tijd: le passé simple

❶ Il était une fois un meunier qui, lorsqu'il **mourut**, **légua** tous ses biens à ses trois fils. L'aîné **hérita** d'un moulin, le cadet d'un âne, et le plus jeune, Paul, d'un chat. « Lorsque je l'aurai mangé, **soupira**-t-il, il ne me restera plus qu'à mourir de faim ! » Mais le chat l'**entendit** et **prépara** un plan : [...] Paul était sceptique, mais **fit** ce que le chat lui demandait : « Aussi, si quelqu'un vous le demande, vous vous appelez désormais monsieur le Marquis de Carabas », **ajouta** le chat. Le chat **mit** de la nourriture dans son sac et **s'allongea** sur le sol, comme mort.

❷ a. La réunion **débuta** à 10 heures. – b. Clément et Zoé **arrivèrent** à l'aéroport à l'heure. – c. Nous **attendîmes** pendant des heures. La tension **monta**. – d. Vous **partîtes**. La maison **sembla** vide. – e. Je **pris** beaucoup de photos.

❸ a. Elles **eurent** soudain très soif. – b. Nous **eûmes** l'idée d'aller au cinéma tous ensemble. – c. Lorsqu'elle ouvrit la fenêtre, j'**eus** très froid. – d. Il **eut** une peur bleue lorsque la foudre tomba sur la maison voisine ! – e. Vous **eûtes** beaucoup de difficultés à organiser ce voyage.

❹ a. Ils **furent** les premiers soldats américains à Paris – b. Nous **fûmes** très surpris. – c. Louis de Funès **fut** très célèbre dans les années 1970 – d. Tu **fus** un des élèves les plus populaires du lycée. – e. Vous **fûtes** très heureux de réussir votre examen.

❺ Le Petit Poucet **dut** se lever de bon matin et **prit** le chemin du ruisseau. Il emplit ses poches de petits cailloux blancs et **revint** ensuite à la maison. Il **alla** dans une forêt dense. Le bûcheron **se mit** à couper du bois et les enfants ramassèrent les brindilles. Lorsque les parents **virent** que les enfants étaient occupés, ils s'enfuirent rapidement. Le Petit Poucet **courut** partout pour retrouver ses parents mais **dut** renoncer, tristement.

❻ a. Elle **mit** sa robe rapidement pour ne pas être en retard. – b. Ils **reconnurent** le bandit et lui **coururent** après. – c. Je **sus** immédiatement que quelque chose lui était arrivé. – d. Nous **allâmes** au restaurant après la cérémonie. – e. Vous **dûtes** prendre le train plus tard que prévu suite aux intempéries;

❼ a. Ils **avancèrent** dans la neige avec difficulté. – b. Nous **voyageâmes** pendant deux mois ! – c. Il **neigea** toute la journée. – d. Vous **commençâtes** la réunion sans Romain. – e. Martin **remplaça** David qui était malade. – f. Vous **nageâtes** pendant deux heures !

❽

❾ Il était une fois une petite poule rousse qui **sortit** de chez elle pour aller en ville. Elle **mit** la clé dans sa poche mais sa poche avait un trou et la clé **tomba** par terre. La petite poule ne le **vit** pas et **poursuivit** son chemin.
Maître Renard **apparut**. Il n'avait qu'une envie : manger la poulette ! Lorsqu'il **aperçut** la clé sur le sol, il la **ramassa** et **courut** ouvrir la porte de la maisonnette.

OPLOSSINGEN

20. Herhalingsspelletjes

❶ a. J'ai **le** cafard – **b.** Tu me casses **les** oreilles ! – **c.** Il m'a posé **un** lapin ! – **d.** C'est **la** fin **des** haricots ! – **e.** Arrête de faire **l'**andouille !

❷ a. un **professeur** = een leraar/professor – **b.** un **chanteur** = een zanger – **c.** une **vendeuse** = een verkoopster – **d.** un **médecin** = een arts – **e.** un **ingénieur** = een ingenieur – **f.** un **serveur** = een ober – **g.** un **coiffeur** = een kapper – **h.** un **boulanger** = een bakker

❸ a. est = être (andere: avoir) – **b. étant** = onvoltooid deelwoord (andere: voltooide deelwoorden) – **c. ton** = bezittelijk voornaamwoord (andere: persoonlijke vornaamwoorden) – **d. Mexique** = land (andere: nationaliteiten) – **e. chat** = dier (andere: kleuren)

❹ (kruiswoordraadsel met antwoorden: GENTIL, SÛRS, BONNE, BLVD, PATIENT, VAVD, GRAND, ROS, VRAIES, SÉRIEUX, TRISTE, VIEUX, HAUT, MÉCHANTE)

❺ a. Quentin est allé au cinéma avec ses amis. – **b.** Je pense faire un grand voyage l'année prochaine. – **c.** Ils organiseront une fête d'anniversaire pour Marion. – **d.** Je faisais la sieste lorsque tu as frappé à la porte. – **e.** Eva commencera le travail dès son retour.

❻

	Présent	Passé composé
Regarder	Je regarde	J'ai regardé
Faire	Tu fais	Tu as fait
Vendre	Il vend	Il a vendu
Finir	Nous finissons	Nous avons fini
Boire	Vous buvez	Vous avez bu
Aller	Elles vont	Elles sont allées
Futur	Conditionnel	Imparfait
Je regarderai	Je regarderais	Je regardais
Tu feras	Tu ferais	Tu faisais
Il vendra	Il vendrait	Il vendrait
Nous finirons	Nous finirions	Nous finissions
Vous boirez	Vous boiriez	Vous buviez
Elles iront	Elles iraient	Elles allaient

❼
- 01:30 = Il est une heure trente.
- 04:30 = Il est quatre heures et demie.
- 10:45 = Il est onze heures moins le quart.
- 02:15 = Il est deux heures et quart.
- 12:00 = Il est midi.
- 07:50 = Il est huit heures moins dix.
- 03:25 = Il est trois heures vingt-cinq.

❽ (woordzoeker met: A COMME P, LO, IN OU, Q S C RR, U I A ST, Q O D R QA, U I O UN, A Q N ET, MN U C, AD E, IT OUTEFOIS, S AUSSI I, N EANMOINS)

❾ a. J'ai rêvé que je gagnais au loto ! – **b.** Il a été au cinéma hier. – **c.** Vous avez aimé ma tarte aux pommes ? – **d.** Tu as compris l'exercice de grammaire ? – **e.** Nous sommes partis à 8 heures.

❿ a. 46 = quarante-six – **b.** 99 = quatre-vingt-dix-neuf – **c.** 318 = trois cent dix-huit – **d.** 72 = soixante-douze – **e.** 502 = cinq cent deux – **f.** 152 = cent cinquante-deux – **g.** 1008 = mille huit – **h.** 683 = six cent quatre-vingt-trois

---

Crédits iconographiques

Shutterstock : Aleutie : pp. 77b, 84h ; Akai37 : p. 4 ; Ankomando : pp. 7d ; 101g ; Ann Doronina : p. 98h ; Anthony Krikorian : p. 79h ; A-R-T : p. 73 ; BoBaa22 : p. 63b ; COCOart : p. 107d ; dedMazay : p. 113d ; DJ.McGee : p. 94d ; Gamegfx : p. 22h ; HappyJack : p. 43b ; Inni : p. 62h ; iNueng : p. 89mg ; Jesadaphorn : p. 78 ; Julie A. Felton : p. 89hd ; Julia Tim : p. 88b ; Iamnee : p. 96b ; Kyuree : p. 72b ; Mackey Creations : p. 16bd ; Maglara : p. 55 ; Marish : pp. 63h ; 70b ; NatBasil : p. 59b ; Nikita Chisnikov : p. 47 ; Paper Teo : p. 58b ; Ramona Kaulitzki : p. 111h ; Sentavio : p. 68bg ; Serbinka : p. 90hg ; sir.Enity : p. 73h ; Smart Design : p. 59h ; Stella Levi : p. 95h ; Stockshoppe : p. 87bg ; 87bd ; subarashii21 : p. 3 ; venimo : pp. 16g ; 94g ; Viktorija Reuta : p. 60b ; Vitamind : p. 76h ; VooDoo13 : p. 53d ; whanwhan.ai : p. 52 - Droits réservés : pp. 5 ; 7g ; 8h ; 8b ; 9h ; 9b ; 10h ; 10b ; 11h ; 11m ; 11b ; 12 ; 13 ; 14 ; 15 ; 16hd ; 17 ; 19 ; 20 ; 21 ; 22b ; 23 ; 24 ; 25 ; 26 ; 27 ; 28 ; 29 ; 30 ; 31 ; 32 ; 33 ; 34 ; 35 ; 36 ; 37 ; 38 ; 39 ; 40 ; 41 ; 43h ; 44 ; 45 ; 46 ; 48 ; 49 ; 50 ; 51 ; 53b ; 54 ; 56 ; 58h ; 60h ; 61 ; 62b ; 64 ; 65 ; 66 ; 67 ; 68bd ; 68hd ; 68hg ; 69h ; 71 ; 72h ; 74 ; 73m ; 73b ; 76m ; 76b ; 77m ; 77h ; 79m ; 79h ; 80 ; 81 ; 82 ; 83 ; 84b ; 85 ; 86 ; 87h ; 88h ; 88m ; 89bd ; 90hd ; 90bg ; 90bd ; 91 ; 92 ; 93 ; 95b ; 96h ; 97 ; 98h ; 99 ; 100 ; 101d ; 102 ; 103 ; 104 ; 105 ; 106 ; 107g ; 108 ; 109 ; 110 ; 111b ; 112 ; 113g ; 114 ; 116 ; 117 ; 119.

ZELFEVALUATIE

Gefeliciteerd! Je bent aan het einde van dit werkboek aanbeland! Tijd om je kennis op te meten en dus alle icoontjes op te tellen voor je eindevaluatie. Breng het resultaat van elk hoofdstuk over in onderstaande vakjes en bepaal dan het aantal icoontjes per kleurcategorie. Benieuwd hoe je het ervan afgebracht hebt?

	☺	😐	☹		☺	😐	☹
1. Alfabet en uitspraak				11. Toekomende tijd			
2. Lidwoorden en zelfstandige naamwoorden				12. Onvoltooid verleden tijd en voorwaardelijke wijs			
3. Persoonlijke voornaamwoorden				13. Voorzetsels			
4. Bijvoeglijke naamwoorden, aanwijzen en bezit (deel 1)				14. Bijwoorden			
5. Trappen van vergelijking				15. Werkwoorden			
6. Zinnen				16. Voegwoorden			
7. Aanwijzen en bezit (deel 2), en meer voornaamwoorden				17. Passieve vorm			
8. Tellen en tijdsaanduidingen				18. Tegenwoordige tijd in de subjunctief			
9. Infinitief en voltooid tegenwoordige tijd				19. Nog een verleden tijd: *le passé simple*			
10. Onvoltooid tegenwoordige tijd en imperatief				20. Herhalingsspelletjes			

Totaal van alle hoofdstukken ....

Je hebt vooral...

Bravo ! Je beheerst de basis van de Franse taal en bent nu klaar om met niveau 3 te starten!

Pas mal du tout ! Maar er is nog ruimte voor verbetering! Maak de oefeningen die je moeilijk vond opnieuw en lees de lessen nog eens na!

Encore un petit effort ! Je zit een beetje vast... Neem het hele werkboek opnieuw door tot je de lessen helemaal begrijpt en maak de oefeningen opnieuw tot je de antwoorden juist hebt! **Bonne chance !**

Grafisch ontwerp: MediaSarbacane
Opmaak: Aurélia Monnier voor Céladon éditions
Realisatie: Céladon éditions, www.celadoneditions.com

© 2016 Assimil
Wettelijk depot: februari 2016
Uitgavenr: 4118 - januari 2022
ISBN: 978-2-7005-0727-0
www.assimil.com
Gedrukt in Roemenië door Tipografia Real